장현희 선생님, 김용임 선생님께 감사드립니다.

나의 짭짤한 작은상점

김유인 지음

추천의 말 ✦

이 책을 읽는다는 것은 작고 짭짤한, 그러면서도 단단한 돌멩이들이 내 안에 차곡차곡 쌓이는 것을 경험하는 일이다. 작고 짭짤하며 단단한 돌멩이란 작가에게서 느껴지는 에너지나 용기 혹은 특유의 유머러스이기도 한데, 이 책을 다 읽고 난 뒤에는 그것이 작다고 말하기에는 애매해진다. 작가로부터 전해져오는 선한 마음은 결코 작지 않으니까 말이다. 20대를 거치며 주변 친구들에게 자주 듣게 되는 질문이 있다. **"할 수 있을까?"** 그런 의문만으로도, 어쩌면 불행해 보이는 내 인생이 "별로 망한 것 같지 않"다고 이 책의 작가는 얘기한다. 자그마한 의지가 결심과 행동으로 이어지는 순간들을 살펴본 뒤에는 앞서 말한 돌멩이를 무심히 받아든 기분을 느끼며 나는 책을 덮었다.

첫 번째 독자, 커피와 책과 춤을 좋아하는 윤땡

이제는 그만 누워있고 싶고, 허리도 뻐근하고, 무언가 할 게 없을까라는 고민을 하는 분들에게 이 책을 추천드립니다. 집순이인 저 역시 무력감을 느끼는 코로나19 상황에, 이제는 '쉬어도 된다'라는 메세지 보다는 '한번 해보자'라는 용기가 필요한 것 같습니다. 이 책의 **"뭐 어때? 잘될 수도 있잖아"**라는 어떻게 보면 해맑고 순수한 응원이 저에게 큰 용기를 주었습니다. 창업을 비롯한 다양한 분야에 대한 많은 노하우들과 진심어린 말들이 가득한 책입니다. 저만 알고 있던, 작가가 주는 에너지를 모두와 함께 나눌 수 있게 될거라 생각하니 너무나 설레입니다. 내적으로 외적으로 힘든 이시기에, 이 책의 응원을 발판삼아 모두가 '정신승리'하며 새로운 삶의 시작을 이뤄냈으면 좋겠습니다.

법대로 해야할 때 찾는, 법대 출신 친구 손미진

내가 할 수 있을까? 라는 걱정을 내려 놓으라고 말해주는 책입니다. 설렘을 먼저 느끼고 행동으로 옮기는 게 어떤 경험으로 남을 수 있을지, 일상에 어떤 활기와 흥미를 불어 넣을지 해보지 않으면 누구도 알 수 없어요. 아무 것도 하지 않으면 아무 일도 일어나지 않는다는 말이 떠오릅니다. 무엇이든 하기 전후는 분명 다를 테니 이 책을 읽는 모든 분들이 두려워하지 않고 ♬두 발이 이끄는 길을 가♬ 보면 좋겠습니다.

작가가 되고 싶은 회사원 김현유 (作트와이스-Young&Wild)

창업에 필요한 경험들은 이미 이 책을 읽기 전과 후의 당신이 모두 가지고 있습니다. 일상 속에서 경험한 작은 계기들을 행동으로 옮기며 자신의 모든 경험들을 창업에 녹여낸 작가의 이야기는 당신의 지나간 경험들에도 의미를 부여해 줄 것입니다. 결코 거창한 일들로 이루어진 것이 아닌 작가의 창업 기반들이 결국 탄탄한 기반이 되어 돌아오게 되는 모습을 보며 이 책을 읽게 될 사람들도 작가처럼 성공을 끌어당기게 되었으면 좋겠다고 생각했습니다.

N잡 메이트, 고슴도치 그리는 회사원 (@koongtachi) 김진석

작가는 직업과 적성, 창업 등 청년이기에 할 수 있는 고민으로 복잡한 머릿속을 잘 정리해주는 친구입니다. 늘 생각만 하고 행동으로 옮기지 못한 적이 많은데, 이 친구는 엄청난 스펙, 대단한 활동이 아니어도 오늘부터 할 수 있는 일들이 무엇인지 깨닫게 해주었어요. 이 책은 '지금 당장 할 수 있는 일이 아니다' 라는 핑계로 시도하지 않았던 제 손에 정답지를 쥐어주고 방향을 알려주었습니다. 무언가 해야할 것 같지만 무엇을 해야할지 모르겠어서 힘든 이 시대의 청년들에게 이 책을 추천합니다.

싱어송라이터·모델·필라테스 강사 (@sr_a_a) 민사라

한 번의 실패를 겪고 좌절한 사람도 잘할 수 있을까 걱정되어 고민만 하는 사람도 이 책을 읽고 당장 도전해 보았으면 좋겠습니다. 그게 무엇이든 간에 해 보지 않으면 결과를 알 수 없다는 당연한 사실을 잊고 있던 우리를 일깨워 주는, 정말이지 이 시대에 꼭 필요한 이야기입니다. 작가의 진실어린 조언과 위로는 앉아만 있던 저를 일어서도록 만들어 주었으며 또 움직이도록 만들어 주었습니다. 도전과 실패를 두려워하다 결국은 노력마저 멀리하게 되는 악습을 끊어내는 첫 걸음으로 이 책을 추천합니다. 스스로를 북돋울 뿐만 아니라 남을 격려할 줄 아는 작가의 다정한 마음이 이 책을 통해 전해지고 전해져서 언젠가 세상을 바꿀 것이라고 믿어 의심치 않습니다.

작가 류다빈

목 차

CHAPTER 1

창업은 무모하게,
작은 상점 표류기

CHAPTER 2 삽질은 부드럽게, 실전 요령 메모장

CHAPTER 3 멘탈은 야무지게, 정신 승리 노트

내 인생에서 가장 혼란스러운 시절은 스무 살의 봄이었다. 그즈음엔 20대가 되면 돈을 벌 수 있기 때문에 일자리만 구하면 저절로 행복해질 거라는 믿음에 빠져 있었다. 하지만 스무 살이 되자, 내겐 최저시급 4320원에 걸맞지 않게 갖고 싶은 것, 하고 싶은 것들이 자꾸 생겨났고 점점 불행해졌다. 그동안 의무교육 과정을 통해 안빈낙도의 멋을 배웠지만 내가 하고 싶은 건 신선놀음이었으니 말이다. 대학교에서는 자꾸 명사를 초대해서 세상을 바꾸는 사람이 되라고 부추겼다. 그렇게 훌륭하고 위대한 사람이 되기에 나는 겁이 너무 많았다. 그래서 눈에 띄지 않고도 조용하게 잘 먹고 적당히 잘살다 가는 사람이 되는 방법을 궁리했다. 그동안 '적당한 성공'을 갖기 위해 매일 억만장자들의 성공담을 책으로 읽기도 했다. 하지만 그들의 행보와 업적은 너무 위대해서 나는 금세 풀이 죽었다. 내 꿈은 적당히 은은하고 잔잔하게 롱런하는 사람이 되는 것이었다. 그렇다보니 애초에 목표도 크지 않았다. 나와 가족을 지탱할 수 있는 금액, 한달에 딱 300~500만원 정도 버는 사람들의 이야기가 궁금했지만 찾을 수 없었다. 그래서 내가 그 정도 버는 사람이 되면 20대의 나같은 사람들에게 희망을 줄 수 있는 책을 써보겠다고 다짐했다. 막상 적당히 궤도에 오르고 나니 감히 책을 써야겠다는 생각은 들지 않았지만... 메리포핀스 서림 대표님이 이런 이야기도 필요하다며 손을 내밀어주셨고, 용기를 내어 책을 만들 수 있게 되었다.

나는 적당히 잘하고 싶은 이들에게 좀 더 실질적으로 도움이 되는 이야기를 하려고 한다. 물론 번듯하게 준비해서 투자를 받아 세상을 바꾸는 창업을 바꾸는 멋진 사람들도 있지만, 어딘가에는 나처럼 나부터 먹여 살리기 위해 창업을 하는 사람들도 있을테니 말이다.

내가 창업을 시도할 때는 불과 10여년 전이었지만 유튜브나 온오프라인 강의 플랫폼이 거의 없었던 시절이었다. 그래서 지금처럼 청년 창업과 관련된 정보에 접근하기가 쉽지 않았다. 특히 비(非)의류 분야의 창업과 쇼핑몰 운영에 관한 노하우와 가이드는 책으로도 얻을 수 없었다. 그럼에도 나의 상점은 하루 벌어 하루 연명하는 식으로 엉성하게 굴러갔다. 다음날 접어도 아무도 모를 만큼의 장사를 하면서 오늘, 내일의 이익만 바라보던 나는 이제 서울 핫플레이스에 점포를 구해 매달 월세 밀릴 걱정 없이 안정적으로 일 할 수 있는 사람이 되었다. 당시엔 그다지 가치있게 여겨지지 않았던 작은 창업의 잔기술들이, 지금은 많은 이들이 원하는 'N잡의 기술'로 불리면서 내게도 그 노하우를 묻는 사람이 점점 많아지고 있다.

요즘은 정부가 나서서 청년 창업을 장려하는 만큼, 무턱대고 하는 창업을 만류하는 콘텐츠가 더 많다. 물론 자기 인생이니만큼 신중하게 결정을 내려야겠지만, 나는 얼렁뚱땅 시작해도 길고 가늘게 롱런하는 케이스가 실제로 존재한다는 것을 알려주고 싶다. 그래서 이 책에서는 무슨무슨 전략이라던가, 영어 약자로 되어있는 어려운 경제, 경영

용어를 쓰지 않는다. 나또한 아무것도 모르고 시작했기 때문에 누구나 쉽게 읽도록 썼다.

겉으론 시늉만 하는 것처럼 보이지만 실은 겁내고 있는 사람들에게 좀 더 용기를 북돋워 주고 싶다. 어디가서 '나 창업할거야' 라고 말하면 백이면 백 자영업은 어렵다는 말을 들을테니까 이런 희망적인 이야기를 하는 사람도 필요하다고 생각한다. 자영업을 다른 단어로 바꿔도 똑같다. '나 영화 할거야', '공무원 할거야' 라고 말해도 남들은 입을 모아 다 어렵다고 한다. 그건 원래 세상 모든 일이 어렵고 안될 이유가 많기 때문이다. 어차피 다 어렵고 힘드니까 이 글을 읽는 독자들은 자기가 하고 싶은 것을 한 번쯤은 행동에 옮겨보면 좋겠다. (어쩌면 잘 될 수도 있으니까. 나처럼.)

시작은 무모하게,
작은 상점 표류기

스무살 때 대학에서 만든 첫 남자친구가 군대에 갔다. 사귄지 반 년된 사이였고, 남자친구의 군입대는 처음 겪은 일이라 그가 군대에 가면 내가 어떻게 해야 하는지 잘 몰랐다. 군대가기 전날 눈물을 흘리긴 했지만 막상 그가 훈련소에 들어가자 편지를 딱히 열심히 안쓴 걸 보면 나는 정말 성의 없는 여자친구였던 것 같다. 그 친구가 군대 가기 전 나에게 수동적이고 성의 없는 여자친구라고 비난해서 대판 싸운 적이 있다. 그때는 화가 났는데 지금 생각해보니 맞는 말인 것 같다. 훈련소에 있는 남자친구에게 왜 이렇게 편지를 안쓰냐는 내용의 원망 편지를 받기도 했으니 말이다. 그 때는 몸이 멀어지면 마음이 멀어진다는 말에 공감하며 적당히 새로운 날들을 보내고 있었다.

15

그래도 남자친구가 잘 지내는지 궁금해서 사진을 찾으려고 인터넷에 검색을 한 적이 있다. 그 때 인터넷 상에서는 남자친구가 군대에 있는 여자를 '고무신'이라고 부른다는 걸 알게 되었다. 그렇구나, 나는 '고무신(곰신)'이었던 것이다. 'ㄴ'포털에는 약 50만 명 곰신이 가입한 인터넷 커뮤니티 '곰신카페'도 있었다. 호기심에 가입한 곰신카페는 남자친구를 훈련소에 보낸 순간부터 전역하고 결혼할 때까지 필요한 정보들을 올스탑으로 제공하는 거대 플랫폼이었다. 그곳은 정보의 바다라는 단어로도 표현이 부족할 만큼 정보가 흐르고 넘치고 하늘에서 내리기까지 하는 수준이었다. 내 기억 상으로 그 당시 하루에 30번은 접속하지 않았나 싶다. 눈을 뜨자마자 곰신카페를 켜고, 잠들기 전까지도 곰신카페에 올라온 게시물을 보다가 잤다. 남자친구랑도 연락이 안되는데다가 주변에 남자친구가 군대에 간 사람이 나밖에 없어서 조금 외로웠는데, 곰신 카페에서는 모두가 비슷한 처지라서 일종의 소속감을 느낄 수 있었다.

군인 여자친구들의 놀이터 곰신카페에는 게시판만 50개가 넘었다. 휴가 나와서 헤어진 이야기, 전화로 싸우고 화해한 이야기, 10년을 연애하고 결혼한다는 이야기 등 비슷한 또래들의 이야기가 실시간으로 업데이트 되었다. 매일 이 게시판 저 게시판을 들락거리며 현실이 아니라 곰신 카페에 살다시피 했다. 그러다가 '내 소포 뽐내기' 게시판에 들어가게 되었다. 거기엔 하루에도 수십 개씩 남자친구에게 보낸 소포를 뽐내는 글이 올라왔다. 남자친구에게 소포는 커녕 편지조차 제대로 보내지 않고 있던 내게 화려한 택배박스 퍼레이드는 절망을 안겨줬다. 그들의 정성에 너무 주눅든 나머지 아무 생각 없이 8주를 보내온 내가 낙오자처럼 느껴졌다. 훈련소 친구들이 매일같이 받는 현란한 소포들의 향연을 보면서 남자친구가 얼마나 박탈감을 느낄지 떠올리니 내가 다 서러웠다. 그러게 군대가기 전에 좀 잘하지, 하고 고소해하다가 곧 엉엉 울면서 남의 게시글에 '멋진 소포네요. 정보 공유 부탁드려요' 라고 답글을 달았다.

　곰신 카페의 가장 큰 특징은 얼굴도 모르는 회원들 간에 동지애가 넘친다는 것이다. 그 중에서도 자기가 힘들게 발품 뛰어 알아낸 정보를 뽐내고 공유하는 분위기가 만연했다. 그 덕에 나는 군대로 보내는 소포에 「불빛 나오는 볼펜, 귀소음마개, 면봉, 수첩, 물집밴드, 깔창, 바디 워시와

폼클렌징」 이런 것들이 필요하다는 것을 파악하게 되었다. 나는 뒤늦게 성실곰신이 되어 남자친구가 자대배치를 받고 나서야 소포를 구성하기 시작했다. 나는 그 모든 물건을 한 군데에서 해결할 수 있는 곳을 알고 있었다. 바로 남대문 시장이었다. 학원에서 아르바이트할 때 심부름으로 판촉물을 구매하러 갔던 곳이었다. 거기에는 없는 물건이 없었으며 심지어 단돈 1천원에 볼펜 10자루를 살 수 있었다. 이런 꿀같은 정보를 알고 있었다는 것에 기뻐하며 나는 학교가 끝나는대로 곧장 남대문에 갔다. 남대문 시장에서는 무엇이든 동네 생활용품점 판매가 대비 파격적인 가격으로 저렴하게 팔고 있었다. 단, 도매라서 1개씩은 안팔고 5개, 10개씩 묶음으로 판다고 했다. 그래도 집 앞 마트에서 사는 것보다는 혁신적으로 저렴했다. 어차피 생필품이니 내가 쓰지 뭐, 하는 마음으로 다 사들였다. 필요한 것들을 이것 저것 모으니 꽤 그럴듯한 소포가 만들어졌고, 그제야 나도 '내 소포 뽐내기' 게시판에 입성할 수 있었다.

「제가 남대문 시장에서 이것들을 샀는데 1세트에 총 만원이 나왔어요, 완전 싸죠?」

보통 곰신의 택배 꾸리기에는 못해도 기본 3만원이 들었다. 그 시절 큰 업체에서도 훈련소 준비물 세트를 팔았는데 그건 더 비쌌다. 아무래도 파격적인 가격이었던 탓인지 내 글에도 정보공유를 해달라는 댓글이 200개나 달렸다. 200명에게 정보를 전수하고 답장이 몇 개 와있어서 확인해 보니까 '지방이라 남대문에 갈 수가 없으니 남은걸 팔아 달라'는 답장이 세 개나 와있었다. 한 명만 팔아달라고 해도 감동일텐데 세 명이나 팔아달라고 하다니... 쪽지함을 보면서 나는 이렇게 남은 세트를 다 털고 본전을 찾는 상상을 했다.

가난한 스무살이었던 나는 사람들의 마음이 떠나기전에 물건을 팔아 돈을 되찾기로 결심했다. 쪽지를 준 회원들에게 답장을 보내고, 곰신 카페에 들어가 남은 소포 물건들을 선착순 몇명에게 원가에 드린다고 다시 글을 올렸다. 잠이 들어서 다음날 아침 핸드폰을 확인했는데, 경악했다. 곰신 회원 30명이나 내가 올려둔 소포세트를 사겠다고 한 것이다. 남은 세트는 9개 뿐이라 다른 회원들에게 '마감입니다. 죄송합니다...'라고 치는데 너무 내가 인정머리 없다는 생각이 들었다. 내가 만든 소포를 인정해주신 분들인데, 몇

분 늦게 댓글을 달았다고 '마감입니다'라는 말로 외면하려 하다니! 게다가 다른 사람들도 아니고, 나에게 많은 정보를 나누어준 친구같은 곰신 회원님들이었기에 매몰차게 등을 돌릴 수는 없었다. 내일 당장이라도 다시 남대문에 가서 똑같은 물건을 그대로 사오면 되는 일이었다.

약 30명의 요청을 수락하고 1만원씩 입금 받으니 대략 30만원이라는 거금이 수 시간 내로 통장에 입금되었다. 나는 업자도 아니고 단지 일개 천사같은 곰신카페 회원이었기 때문에 거기에 마진을 붙일 수 있다는 개념 자체가 없었다. 인터넷 세상에서 난생 처음 받아보는 관심에 취해 이틀간 잠도 줄여가며 남대문에 가서 물건을 사고, 택배를 쌌다. 딱 물건의 원가와 택배비만 계산해서 입금받았기 때문에 들인 시간을 내 시급으로 계산하면 사실상 손해였지만, 선물을 보내는 기분으로 무사히 30인분의 소포를 발송했다.

그 중 대략 10명 정도는 택배를 받아본 뒤 너무 수고하셨다며 되려 커피, 아이스크림 기프티콘을 선물로 보내주었다. 내 세트를 좋아해주는 것도 고마운데, 심부름 값도 챙겨준다고? 나는 또 다시 곰신카페 회원들의 천사같은 마음

씨에 감탄하고 말았다.

 친구에게 이 일을 자랑했더니 '바보야 자선사업 하냐......
너가 귀찮은거 대신 다 해준건데 만원씩 더 붙여서 팔았어
야지...... 그럼 30만원 벌었겠다 벌써.' 라고 펄펄 뛰었다.
일찍 사회생활을 시작해 셈이 빠른 친구였다. 30만원이라
는 돈은 내게 쉽사리 넘볼 수 없는 거금이었다. 하루에 8
시간씩 주말 꼬박 일해도 한 달 월급이 30만원 남짓이었기
때문이다. 조금만 영리했다면 손쉽게 마진으로 30만원을
벌 수 있었다는 사실에 심장이 뛰기 시작했다. 곰곰이 생
각해보니 내가 이들에게 주문을 받고, 남대문에서 30인분
의 물건을 구매하고, 포장해서 택배 보내는 데까지 든 시
간은 단 삼일이었다. '3일에 30만원을 벌 수 있다.' 그 사실
을 깨닫고 난 이후부터 나는 밤마다 잠을 이루지 못했다.

'3일에 30만원을 벌 수 있다.'

'3일에 30만원을 벌 수 있다.'

'3일에 30만원을 벌 수 있다.'

'내가..?'

쇼핑몰?
얼짱들이나
하는거 아닌가?

    학칙이 엄한 고등학교에서 금욕의 학창시절을 보낸 탓에 유난히 심했던 걸까. 대학교 1학년이 된 나는 전생에 술못 먹고 죽은 귀신마냥 술자리를 탐닉했다. 그래서 스무살 때의 내 생활은 술마실 궁리를 하거나, 어디선가 취해있거나, 숙취에 찌들어있는 세 가지 상태로만 존재했다. 전공은 컴퓨터공학이었다. 문과 출신이지만 갤럭시 스마트폰의 첫 등장과 함께 IT에 심취해서 생각 없이 원서를 넣었다. 컴퓨터공학과에서 뭘 배우는지도 몰랐다. 공부보다 컴퓨터를 좋아하니까 영문학과나 역사학과보다 재미있지 않을까... 이런 1차원적인 생각 뿐이었다. 대학교 강의에 출석한지 한 달 만에 나는 이건 내 길이 아니라고 확신했다. 첫 학기 학점은 4.5점 만점에 1점대였다. 대부분의 과목에서 출석 미달로 F보다 낮은 FA를 맞았기 때문이다. 나는 꿈도 없고, 잘하는 것도 없고, 하고 싶은 것도 딱히 없었다. 92년생이 73만 명에 달한다는데 이래서 취업은 할 수 있을까 싶을 정도였다. 아무튼 중요한건 그런 답 없는 나에게도 하고 싶은 일이 생겼다는 것이다.

 그걸 깨달은건 아르바이트하던 학원에서 잘리고 돌아온 날이었다. 고등학생 때 다녔던 영어학원 원장님이 청소와 서류 정리를 하는 일에 알바로 써주셔서 운좋게 3개월 정도 알바를 하고 있었다. 남들이 꿀알바라고 칭송하는 일을 하면서도 전날 과음의 여파로 일처리를 똑바로 하지 못하는 바람에 나는 결국 그 좋은 꿀알바에서 잘리고 말았다. 스스로가 아무짝에 쓸모가 없는 사람 같다는 기분이 들어 우울했다. 그와중에 곰신 카페에서 내 소포 세트가 인기를 얻었다는 사실은 한 줄기 희망이었다. 곰신카페 회원들에게 보낼 택배를 싸던 그 때는 내가 이틀동안 술도 안마시고, 총명한 정신으로 거기에만 몰두했었으니까. 곧장 컴퓨터를 켜고 카페 채팅방에 조심스럽게 글을 올렸다.

'저번에 제가 소포뽐내기 방에서 공동구매한 훈련소
필수템 묶음, 필요하신 분 있으신가요? 팔려고요'

'우와 곰신님! 쇼핑몰 하시는거에요?
사진 보고 싶은데, URL 좀 올려주세요.'

쇼핑몰이라니, 그건 얼짱들이나 하는거 아닌가? 나같은
사람도 할 수 있나? 잠시 들뜬 마음에 곧바로 쇼핑몰 창업
절차를 검색해 보았지만 아무래도 겁이 났다. 쇼핑몰 판매
는 생각해보지도 않았고 그쪽에 꿈도 없었다. 막연하게 언
젠간 취업 준비를 해서 아무 회사에 들어가지 않을까, 애
초에 나에게는 목표 자체가 없었다. 창업은 대단한 사람들
이 하는거야. 괜히 창업이란 말에 들뜬 것 같아서 머쓱하
게 컴퓨터를 껐다.

그 주에 나머지 아르바이트에서도 잘렸다. 근무하던 편
의점이 다른 사장에게 인수되고, 주점은 장사가 안돼서 잘
렸다. 방학이라 새 아르바이트를 구하는 것도 쉽지 않았
다. 아버지 사업이 망하고 내 방이 없는 좁은 집으로 이사
하면서 불우한 환경의 레파토리를 충실하게 밟아갔다. 최

소한의 생활비 외에는 돈이 없어서 버스를 타는 대신 걸어 다녀야 했다. 밥은 끊어도 술은 끊지 못했던 나는 저녁 약속 술값을 마련하기 위해 동생이 아끼는 책까지 동생이 수학여행을 간 사이에 몰래 팔아버렸다. 헌책방에 책을 팔려고, 책 10권을 등에 메고 1시간 거리를 걸어가면서 나는 그저 저녁에 친구들과 술먹을 생각에 콧노래까지 흥얼거리고 있었다. 그 때, 엄마로부터 전화가 걸려왔다.

'밥 먹었나? 밥상에 식빵이랑 딸기잼 있으니까 먹어라~'

엄마는 공장에서 하루 12시간이나 일하고 있었다. 이런 사정에 가계에 보탬이 되려는 것도 아니고, 그저 자기 몫의 술값을 벌겠다고 청계천을 걷고 있는 내가 너무 한심하고 불효자식같이 느껴졌다. 이렇게 살아도 되나, 이거 완전 망한 인생 아닌가 진지한 고민을 하는데, 머리 한 켠에 곰신 카페에서 겪은 일들이 불쑥불쑥 떠오르며 내 번민을 방해했다.

'쇼핑몰 한 번 해볼까?'

26

이런 생각이 들자 별로 인생이 망한 것 같지 않다는 안도감이 들었다. 부모님이 빚내서 보내준 대학에 출석도 안하고 매일 술만 마시는 불효자식인 채로 끝끝내 망하는 것보다, 사업 해보겠다고 쇼핑몰 열어서 아둥바둥이라도 하는 것이 좀 더 나을 것 같았다. 아무튼 오늘부터 술을 끊고, 조금이라도 제대로 된 삶을 살아야겠다는 결론이 났다. 그렇게 쇼핑몰을 해야겠다고 결심했다. 그날은 친한 친구들과의 술 약속을 고사하고 집으로 향했다. 그 해 처음 있는 일이었다.

운좋게
경험한
무자본 판매

 남들이 다 그렇게 하듯이 나 또한 인터넷 검색을 통해 창업 절차와 쇼핑몰 개설에 대한 정보를 얻어서 내 쇼핑몰을 열었다. 책을 처음 쓸 때는 이런 것들을 상세하게 알려줘야지 하고 의기양양했는데 탈고할 때 되니까 유튜브에 창업 절차에 관한 콘텐츠가 넘쳐나게 되어서 생략하게 되었다.

 당시에는 요즘 유행하는 '무자본 창업'이라는 개념에 대해서 잘 몰랐다. 그냥 곰신 카페에서 사람들에게 먼저 물건값을 받고, 물건을 사서 택배를 보내주었던 방식을 그

대로 따랐더니 자본과 준비된 물건 없이도 판매를 시작할 수 있게 되었다. 돈이 들지 않아 손해볼 일도 없어서, 당장의 밥값도 없던 내게 이 방식은 가장 안전한 방법이었다. 정성들여 찍은 사진과, 기존에 내게 택배를 받았던 회원들이 보내준 택배 수령 후기를 캡쳐해서 택배의 신뢰성과 퀄리티를 증명하는 보조자료로 활용했던 것이 한 몫 했던 것 같다. 홍보는 곰신카페에 있던 판매 게시판에 올리는 것이 전부였다. 하지만 이 글을 보고 대뜸 장사를 하겠다고 곰신카페로 달려가는 것만큼은 말리고 싶다. 내가 시작했을 때는 10년 전이어서 지금보다는 판매가 자유로웠기 때문이다. 지금은 많은 규칙과 규제가 생겼으므로 시대에 맞게 다른 플랫폼 발굴을 추천한다.

　이런 식으로 아무런 계획 없이 의식의 흐름에 따른 판매를 했지만 배운 것은 있었다. 거저 수준으로 택배를 보냈어도 이 물건이 수요가 있고, 팔린다는 것을 몸소 깨달았고 그건 굉장히 중요한 경험이었다. 그 후로는 어디에선가 단 1명에게라도 수요가 있는지 테스트를 하고, 검증이 되면 판매를 시작하는 습관이 생겼다.

자영업이라고 하면, 천만원 단위의 자본을 쏟아붓거나, 대출을 해서 시작하는 이미지가 강하다. 하지만 내가 이 글에서 말하고 있는 창업은 1인이 소소하게 할 수 있는 스몰 비즈니스이기 때문에 당장 모아둔 사업자금이 없어도 할 수 있다. 또, 판매 금액이 아주 작은 경우에는 개인 간 거래가 법에 저촉되지 않아서 판매를 시작하기 전에 사업자등록과 통신판매업 신고 등 왠지 무거워보이는 절차를 거칠 필요도 없다. 중고나라나 당근마켓, 크몽 등의 판매 플랫폼에서 실험을 충분히 해보고 사업자 등록을 해도 늦지 않다.

　여러분도 아래의 다섯 단계만 거치면 무일푼으로도 아주 간단하게 창업 시뮬레이션을 해볼 수 있다.

준비물

내가 팔 물건의 사진, 사람들이 모여있는 플랫폼

1 판매할 플랫폼을 정한다.

▼

2 내가 판매하고 싶은 아이템으로 판매글을 올린다.

▼

3 주문을 받고, 입금을 받는다.

▼

4 주문이 들어오는 만큼 물건을 마련한다.

▼

5 택배를 싸고, 발송한다.

당시 나는 군인 남자친구를 기다리는 곰신들에게 선물 세트 꾸러미를 판매했다. 처음에는 훈련병 축하 세트, 자대 배치 축하 세트, 일병 진급 축하 세트, 상병 진급 축하세트, 병장 진급 축하세트, 전역 축하세트 이렇게 총 5개 세트를 준비했다. 하지만 실제로 곰신 활동의 생애주기를 관찰해 보니 상병 진급하고부터는 안타깝게도 헤어지거나, 애정이 식어서 더 이상 챙기지 않는 경우가 허다했다. (소름돋게도 그것이 나의 미래가 되었다) 그래서 곰신과 군인의 애정이 불타는 시기인 훈련소 입소, 자대 배치 2개 시즌의 소포만 팔고 나머지 세트는 없애는 식으로 수정했다. 매달 훈련병이 계속 생기는 국가 병역 구조상, 새로운 곰신 고객들이 꾸준히 생겨난다는 사실도 알게 되었다. 곰신카페 회원들은 좋은 물건을 사면 서로 추천한다는 것도 관찰을 통해 알게된 사실이다. 그래서 추천인 이름을 말하면 세트 가격을 깎아줬다.

쇼핑몰을 홍보하는 방법을 잘 몰랐지만, 홍보하지 않아도 쇼핑몰이 잘 굴러갔다. 여기서 잘 굴러갔다고 말할 수 있는 것은, 애초에 기대 수익이 40만 원 남짓이었기 때문이다. 만약 내가 월 몇백, 몇천의 수익을 기대하고 세트 팔기를 시작했다면 한 달도 되지 않아 그만뒀을 것이다. 선물세트가 매일 팔리는 것은 아니라는걸 알았기에 새롭게 pc방 주말 알바를 구해서 일해 얼마의 고정수입을 유지했다. (n잡의 환상을 실현하려면 고정적인 수입의 존재가 중요하다!) 또, 그 때는 물욕보다 인정욕구가 강한 시기여서 그런지 돈을 버는 것보다도 남들이 내가 만든 세트 구성을 좋아해주고, 편리하다고 말해주는 것이 더 좋았다. 그래서 늘 내 또래들의 곰신 생활을 어떻게 더 편리하게 만들 수 있을까를 궁리했고 그 결과로 만들어진 상품들에는 늘 짭짤한 부수입이 딸려왔다.

새가슴
초보의
도매시장 입문기

　이제는 아무도 믿어주지 않지만 21살 시절의 나는 분명히 평균 이상으로 수줍음이 많은 사람이었다. 곰신카페를 통해 장사를 시작했듯이 온라인 사회 생활은 잘하는데 오프라인으로는 낯을 심하게 가렸다. 대학교 신입생 때 듣기만 하면 학점을 거저 주는 교양 수업을 신청했는데, 팀 과제와 발표 중심 수업이라는 말에 강의를 드랍할 정도로 새가슴을 가지고 있었으니 말이다. 온라인 세상에 너무 갇혀 살아서 사회성에 다소 문제가 있었던 것 같다. 그런 사람이 갑자기 사업을 한다고 설치니 여러 문제가 생겼다. 사업을 하면 상인 분들과 말을 터야 가격과 절세면에서 이득인데, 나는 입 한번 떼지 못하고 그냥 물건만 샀다. 그건 도매시장에 대한 정보도 인터넷으로만 얻어서 엄청난 선입견을 갖고 있었기 때문이다. 특히 나를 겁에 질리게 한건 동대문 시장의 상인 분들은 엄청 예민하고 기가 세며, 애송이들을 극히 싫어한다는 정보였다. 심지어 그들에게 물건을 가리키며 "얼마에요?" 라고 물어보면 가게에서 쫓겨난다고 까지 했다. 누리꾼들이 남긴 정보에 따르면 상인들이 쓰는 은어와 용어 목록조차 따로 있었다. 그걸 암기과목 공부하듯 달달 외웠지만 막상 시장에 가니 입이 떨어지지 않았다. 도매시장에서 내가 하는 거라곤 손에 든 걸 계산하겠다는 어색한 몸짓과 계산 후 "감사합니다" 한 마디가 전부였다. 계산이 끝나면 인사도 없이 도망치듯 가게를 빠져나갔다. 그러다 자주 가던 가게의 한 사장님이 '학생, 자주 오네. 장사해?' 라고 물어본 적이 있다. 그런 대사는 나의 도매시장 시나리오에 없었기에 너무 당황했다. 얼결에 대답을 하고 나니 기다렸다는듯 질문 공세가 이어졌다. 겁에 질린 채 인터넷에서 쇼핑몰을 하는데 군인 여자친구들에게 이런 것들을 이렇게 팔고 있다고 구구절절 얘기하니 어린 친구가 기특하다며 덤을 얹어주셨다. 공짜 좋아하는 한국인답게 나는 갑자기 그들이 푸근한 이모, 삼촌처럼 느껴졌다. 친분이 생기니 갈 때마다 장사가 잘 되는지, 뭐가 잘 팔리는지 물어봐주시고 할인도 먼저 해주셨다. 그동안 내가 물건을 많이 사면서도 소매가로 덤터기를 쓰고 구매하고 있었다는 눈물겨운 사실도 알게 되었다. 시장 다니기가 한결 편해지자 나는 군대용품점 꾸리기에 완전히 과몰입하게 되었다. 고무링, 귀마개, 군번줄 등 눈길이 가고 손에 잡히는 군대 관련 굿즈는 다 팔기 시작했다. 슬쩍 보고 오 신박한데? 라는 생각이 들어 물건을 들여다보고 있으면 어떻게 내 마음을 읽었는지 옆에서 사장님이 이거 아주 싸게 나온거다, 이건 물량이 얼마 없어 거래튼 사람한테만 주는거다, 열심히 부채질을 해주셨다. 지금 후회하는 일들 중에 하나이지만, 그 때부터 나는 판매하는 품목 수를 슬슬 늘리기 시작하면서 아예 재고를 쌓아두고 팔기 시작했다. 그렇게 내리막길을 걷게 됐지만... 아무리 작은 장사라 할지라도 시장에 자주 가고, 적극적으로 안면을 트고, 상인 분들과 자주 이야기를 나누는 것이 좋다.

셀러가
되고나서
달라진 것

　아주 작고 먼지 같은 장사였지만 '셀러'가 되면서 나는 이전과는 110° 정도 다른 사람이 되었다. 세상에 태어나는 순간부터 20년을 소비자로만 살아왔으니 인터넷 세상에서 생판 얼굴도 모르는 남에게 판매를 한다는 건 굉장히 드라마틱한 경험이었다. 제 3자, 아니 제 5자가 봐도 호들갑이겠지만 '이거 진짜 새로운 경험이네', 라고 생각하면서부터 세상을 바라보는 시각과 삶의 방식이 조금이나마 긍정적인 방향으로 굴러가기 시작했다고 느낀다. 그 중에서도 확실히 체감할 수 있는 변화는 아래의 세 가지였다.

노력을 하게 됐다!

이전까지 나는 노력파가 아니었다. 늘 게으른 쪽에 가까웠고, 뭔가를 하려고 마음먹으면 언제나 작심 세시간이었다. 고등학교 때 친구들 무리에서도 시험 때문에 눈물 흘리지 않은 유일한 사람이 나다. 수학 점수가 8등급이 나오거나 대학을 9군데나 떨어졌을 때도 눈물이 안났다. 노력을 하지 않으니까 기대할 것도 없었다. 나는 늘 횡재와 한방을 노리고, 항상 인생을 날로 먹고 싶다는 마음가짐을 베이스에 두고 살았다. 알바비를 받으면 로또를 사는 상상만 하고 구매한 적도 별로 없다. 이렇게 생각만 하기 때문에 남들이 어학 자격증을 따고 전공 역량을 키우며 쑥쑥 성장하는 동안 내 인생은 아무것도 변하지 않았다. 하지만 뒤늦게라도, '파는' 것을 시작하는 것만으로 내 생활은 '노력'을 하는 쪽으로 바뀌기 시작했다. '남에게 무언가를 판다' 라는 개념을 완성하기 위해서는 생각보다 많은 절차와 노력이 들어가기 때문이다.

내 삶을 스스로 진행하는 재미!

판매를 하며 마주하는 모든 일이 처음이다보니 매일이 문제를 인식하고 수습하는 과정의 연속이었다. 기뻐하는 날보다 돌발적인 문제에 부딪쳐서 얼타는 날이 더 많았다. 그럼에도 그 모든 것을 직접 겪어나가는 과정에서 내가 내 삶의 스테이지를 스스로 진행하는 재미를 알게 됐다. 매일 퀘스트가 생기고, 보상이 주어지니까 하루하루가 마치 타이쿤 게임을 하는 것 같았다. '왜 살지' 라는 말을 달고 살던 내가 어느새 '뭐야 이거 너무 흥미진진하잖아?' 라는 생각을 하고 있었다. 이렇다 할 목표는 없었지만 매일 주어진 할 일을 처리해가면서 조금씩 앞날도 내다보게 되었다. 오늘은 도매시장 장 보는 날, 내일은 택배 싸서 보내는 날, 모레는 더 저렴한 포장재를 알아보러 방산시장 가는 날, 그 다음 날은......

아르바이트보다 많은 돈을 번다.

마음 같아선 이 항목을 맨 앞에 쓰고 싶었지만 이 책은 돈
얘기하려고 쓴 책이 아니기에 평정심을 찾고 이렇게 세 번
째로 배치했다. 궁핍한 환경에서 돈을 벌기 위해 창업을
한 것이기 때문에 돈 맛이 가장 짜릿했다. 내가 판매를 해
서 입금받는 돈이 고스란히 다 내 것이 되었기 때문에 같
은 시간을 일해도 아르바이트생으로 일할 때와는 차원이
다른 금액의 돈이 생겼다. 나 스스로 나한테 월급을 주는
것이라 더 크게 느껴졌다. 성취의 경험, 고객과 소통하는
기쁨도 사업을 하며 얻는 중요한 자산이지만 단연 통장에
찍히는 돈이 최고의 수확이었다. 물건을 팔아 버는 돈은
내 안의 열정을 불태우고 어제보다 오늘 더 열심히 움직이
게끔 부추기는 장작이 되어주었다.

핸드메이드 ──────
판매

군대용품 판매가 지루해질 때 쯤 군대용품점 단골 고객에게 다급한 연락이 왔다. 손님이 메시지와 함께 보내온 사진은 페레로로쉐 초콜릿으로 만든 꽃다발이었다. 둥근 초콜릿에 빨간 리본을 장미 모양으로 둘러 20개 정도를 다발로 포장한 모양이었다.

> 언니, 이런 꽃다발은 어디서 구할 수 있나요?
> 주변 꽃집에서는 다 안판다고 하고,
> 혹시 파는 곳을 아실까 해서 여쭤봐요 ㅠㅠ

저도 지금 파는 곳이 있는지 찾아봤는데 !!
이거 파는건 아니고 개인이 직접
재료 사서 손수 만든 것 같은데요??

언니, 혹시 제가 재료비랑 수고비 드릴테니까
이거 똑같이 만들어주실 수 있나요? ㅠㅠ
너무 죄송해요! 곧 1주년인데 시간이 없어서...

아니.... 물건을 사와서 파는 내게 이런 부탁을 하다니, 너
무 무리한 부탁 아니야?'라고 하기엔 계좌에 너무 많은 돈
이 입금되었다. 5만원, 고민할 새도 없이 내 몸은 이미 고
객님의 꽃다발 재료를 사기 위해 이마트에 가 있었다. 재
료를 준비한 나는 1시간 만에 페레로로쉐 꽃다발을 만들어
냈다. 내가 손재주가 이렇게 좋았었나, 돈이 만든 손재주는
대단했다.

'와 언니, 대박이에요. 이거 왜 안팔아요? 팔면 대박.

친구들한테 자랑했더니 자기도 사고 싶대요.'

꽃다발을 받아본 단골 손님은 문자로, 전화로 연신 '대박'
을 외쳐서 내 정신을 혼미하게 했다. '팔면 대박....팔면 대
박...' 칭찬에 녹아버린 나는 이 한 마디에 꽂혀서 그날 지
마켓에서 페레로로쉐 초콜릿 한 박스를 주문해버리고 말
았다. 그리고 또 곰신카페 판매방에 발렌타인데이 맞이 페
레로로쉐 꽃다발 판매글을 올렸다.

하다 보면 되고
하다 보면 는다

　다음날부터 나는 3만원에 페레로로쉐 꽃다발을 만들기 시작했다. 이것을 돈을 받고 대신 만들어주는 곳을 찾기가 힘들어서 그런지 주문이 하루에 20건씩 들어왔다. 하지만 혼자 소화하기에는 손이 열개라도 역부족이었다. 꽃다발 만들기는 종이를 오리고, 붙이고 하는 공예의 영역이었다. 그동안 나는 스스로 이런 아기자기한 것을 만드는 손재주와 미적 감각이 없다고 생각해서 진작에 이런 것들을 시도해본적 조차 없었다.

　그런데 돈을 벌어보겠다고 강제로 수작업을 반복하다 보니 꽃다발을 만드는 실력이 점점 늘었다. 그야말로 '자본주의가 낳은 손재주'라고 할 수 있었다. 돈이라는건, 없는 손재주도 만드는 것이었다. 생각해보면 모든 일들이 그런 것

44

같다는 생각이 들었다. 파스타 집에서 아르바이트를 할 때도 아예 면도 삶을 줄 모르는 상태로 시작해서 나중에는 라면 끓이듯이 파스타를 만들 수 있게 된 것처럼. 처음에 서툴러서 겁나는 일들도 '돈 벌겠다고 어찌저찌 하다 보면 달인이 되는 거잖아?'라는 생각이 들었다. 그렇게 단순한 생각으로 하루에 꽃다발을 20개씩 만들면서, 어떻게 해야 이것들을 더 빠르고 효율적으로 만들 수 있는지에 관한 노하우들까지 체득하게 되었다. 그러니까 나는 핸드메이드 꽃다발을 만들면서

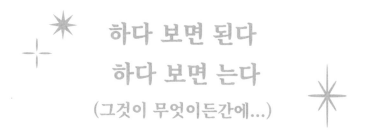

하다 보면 된다
하다 보면 는다
(그것이 무엇이든간에...)

라는 이 간단하고 중요한 열두 글자를 깨닫게 된 것이다. 이 깨달음 이후 나는 30살이 된 지금까지도 하찮은 재주를 금방 먹고 살 재주로 가공할 수 있게 되었다. 내가 만든 꽃다발 아닌 꽃다발들이 비록 정교한 작업물은 아니었지만 계속 팔리듯이, 아직 엉성한 재주도 어딘가엔 쓸모가 있고

그걸 필요로 하는 사람들도 꼭 존재하기 때문이다. 물론 갑자기 없던 손재주가 마법처럼 생긴 것은 아니었고, 모르는 부분에 대해서는 DIY나 핸드메이드 소품에 관한 책들의 도움을 많이 받았다. 지금은 뭐든지 유튜브에 검색하면 영상이 나오는 시대라 내가 책에 있는 글과 사진을 보고 연습했을 때보다 기술을 더 빠르게 이해하고 따라할 수 있을 것 같다. 그런 부분에서 아쉬운 점도 있지만 그 때 그렇게 틈틈이 연마해온 여러가지 만들기 재주 덕에 지금 코로나 시국에도 일이 끊겨 굶을 위기는 면하게 되었다고 생각한다.

남들의
귀차니즘이
나의 기회

혈기왕성한 21세였던 나는 꽃다발을 하루에 스무 다발씩 만들어도 성이 안 차서 손으로 만들 수 있는 것들을 찾아 내 판매 품목을 아래와 같이 늘려갔다.

```
┌─────────────────────────────────────┐
│         ┌───────────────┐           │
│         │     MENU      │           │
│         └───────────────┘           │
│                                     │
│   페레로로쉐 꽃다발  ······  30,000원   │
│     종이장미 꽃다발  ······  20,000원   │
│ 아코디언 모양 편지(10장) ······ 20,000원 │
│ 스마트폰 모양 편지(15장) ······ 30,000원 │
└─────────────────────────────────────┘
```

남이 귀찮아하는 것을 만들기만 하면 돈이 된다는 생각에 사리분별을 하지 못하고 달리는 폭주기관차처럼 판매품목을 확장했다. 이성과 계획이 아닌, 오로지 흥분의 결과물이었기 때문에 멈추거나 뒤돌아봄 없이 물건을 팔았다.

이런 핸드메이드 판매는 사오는 물건을 팔 때에 비해서 이윤이 획기적으로 남는다는 장점이 있었지만 뭐든지 손으로 한 땀 한 땀 만들어야 하다보니 새벽을 모조리 반납해야 했다. 그 대가로 다음 달에는 아예 일에서 손을 놔도 될만큼 풍족하게 먹고 정도의 돈을 벌 수 있었다. 그러나 결국 수면 부족으로 체력에 한계가 와서 세 달만에 일을 그만둘 수밖에 없었다. 정신은 멀쩡한데 몸이 안따라주는 게 나름대로 너무 속상했다. 그럴 수만 있다면 잠을 자지 않고 꽃다발을 만들고 싶었다. 수면 부족에 고통을 받으면서도 사람이 밤에 잠을 자야지만 살 수 있다는 사실에 더 화가 난 상태였다.

아무튼 주문이 너무 몰려서 주문을 안받는 지경이 되다니, 매일매일 실성한 사람처럼 웃음이 났다. 그러면 안되지만 그런 기분은 대학교 강의를 듣는 시간까지 이어졌다.

집중을 못하고 주문과 잔고에 대해 생각하느라 자꾸 피식 피식 웃다 딱 걸려서 교수님 연구실에 불려가 인성 면담까지 할 정도였으니 말이다. 물론 남들 눈에 큰 성공은 아니었겠지만, 내 스스로 생각해둔 성공의 기준이 너무 소박해서 사업에 성공한 자의 기분을 빨리 맛본 것 같다.

젠틀하게 찾아온 폐업

반 년쯤 지났을 때 벌려놨던 이 모든 일을 정리하게 되었다. 처음에는 시장이 그리 크지 않아 주문량이 꽤 있었는데, 시간이 지나면서 비슷한 컨셉의 판매자가 우후죽순 늘어나 나의 상점은 금방 묻히게 됐다. 갑자기 핸드메이드 판매에 한눈을 팔아 전체적인 퀄리티가 떨어진 것도 한 몫했다. 아무런 계획 없이 감에 따라 당장 들어오는 주문량만 소화하는 식으로 장사를 했으니 빠르게 망하는 것도 당연한 결과였다. 좀 더 버텨봤지만, 갖고 있는 모든 운을 다 끌어써서 그렇게 잘 팔렸던건가 싶을 정도로 무반응 그 자체였다. 그렇게 일주일동안 아무것도 안하고 징징댄 결과로 남은 것은 쌓여 있는 박스들과 그동안 아무것도 팔지 못한 나, 둘뿐이었다. 더는 안되겠다는 생각이 들었을 때 모든 감정을 배제하고 현실적으로 이걸 계속 할 수 있는지, 없는지에 대해 스스로 메모장을 열어 묻고 답했다.

* 왜 장사가 안되고 있나?

더 저렴한 공급처, 고품질의 공급처가 늘어나고 있어서
경쟁력을 잃었다.

* 이 일을 계속 하고 싶은가?

주문만 들어오면 계속 하고 싶은데... 주문이 없는 것 빼
면 힘든 점이 없고 만족감이 더 큰 일이다.

* 그럼 가격을 확 낮춰서 가격으로 승부할 수 있는가?

그러려면 박리다매를 해야 이윤이 남는데, 학업도 병행
해야 하는 상황에서 일거리를 더 늘릴 수는 없다.

* 이제 막 장사를 경험했는데 좀 안된다고 포기하는 것은
너무 나약하지 않나? 휴학을 하고 본격적으로 제대로 갖
추고 품질을 올려서 판매를 해보는 것은 어떤가?

힘들게 온 대학이기 때문에 갑자기 학업을 그만두고 장사를
한다는 것은 부모님 가슴에 대못 박는 일이다. 더군다나 웬
스님이 부모님께 나는 장사에 소질이 없다고 말한 전적이
있어서 이 장사도 비밀로 하고 있는 마당에..... 나중에
취업을 해야할 수도 있으니 학위는 따야지.

뛰어난 창업가라면 여기서 과감하게 학업을 그만두고 위대한 발걸음을 내딛어 '혁신과 성장'같은 것을 일구어 냈겠지만, 나는 그런 쪽과는 거리가 먼 '쫄보'였다. 현실적으로 안되는 이유를 최대한 많이 만들어냈다. 결과적으로 그냥 '이건 망했다'라고 인정해버리기로 했다. 이젠 더 할 수 없다는 결론이 났다.

장사가 안되는 것이 눈으로 보이는데 붙잡아봤자 나만 더 힘들기 때문이다. 침착함을 되찾고 중고나라에서 원가 이하 가격으로 눈물의 땡처리를 했다. 누군가는 사주지 않을까, 지푸라기라도 잡는 심정이었다. 당근마켓도 없었던 시절이지만 걱정이 무색하게도 물건은 순식간에 소진됐다. 나는 매일같이 재고를 팔아치우며 감탄했다. 이 나라에서는 무엇을 팔고자 하면 어디에서나 어떻게든 팔 수 있다니. 역시 유서깊은 봉이 김선달의 나라, 그 나라의 국민이 바로 나라는 사실. 아무리 재고 땡처리라도 통장에 잔고가 쌓이는 것이 눈에 보이자 금세 기분이 좋아졌다. 어느정도 손해를 회복하긴 했지만 결국 전량 처분하지는 못해서 몇개 남은 것들은 안방 장롱에 처박아두었다. 그 뒤로 무언가를 찾기 위해 종종 장롱을 열어볼 때면, 그 당시 구겨 넣어둔 고무링이나 군용 귀마개 같은 것들이 섬뜩한 모양새로 툭 떨어지곤 했다. 그것들은 열심히 살았던 6개월의 증거였고, 내가 나태해질 때마다 툭 튀어나와서 적당한 자극제가 되어주었다.

  예전에 할머니가 '공부 못하면 엿장수 된다, 공부 못하면 귤장수 된다'라고 잔소리 해서 짜증난 적이 있다. 그 말의 깊은 뜻을 깨닫게 됐다. 학업에 재주가 없어도 장사를 해서 돈을 벌 수 있는 대한민국. 알고보면 엄청난 덕담이었구나, 그제야 깨달았다. 그래서 '나중에 뭘 하더라도 장사를 해야지' 하고 엉성하지만 먼 미래의 그림까지 그려놓게 됐다.

후폭풍은
오지
않았다

　폐업을 하면 후폭풍이 있기 마련이지만 나는 지난 반년 동안 정말 치열했고 행복했기 때문에 그런 맘이 전혀 들지 않았다. 작게 시작하고 작게 망해서 별 타격이 없었다는 것도 한 몫 했다. 다시 평범한 대학생으로 돌아왔는데 설렘 반, 홀가분함 반이었다. 첫 창업이 망한건 사실이지만, 그래도 나는 예전의 내가 아니라고 말할 수 있게 되었기 때문이다.

　인성 면담을 했던 교수님은 내게 갑자기 눈에 총기가 돈다며 칭찬을 했다. 학업을 낳는데도 불구하고 조금이나마 노력하는 습관이 생겨서 그런지 평균 학점이 D에서 C로 오르기까지 했다. 그 전에는 돈이 없어서 남들 영화볼 때 집에 가고 그랬는데 이제는 그동안 조금이나마 번 돈으로

54

보고 싶은 영화도 맘껏 보고, 밥 사달라는 후배들을 피해 다니지 않는 사람이 되었다. 어딘가에 대서특필될 매출 신화를 이룬 것은 아니지만 스스로 넉넉하다는 생각이 들만큼은 돈을 벌었다. 먹고 싶은 것이 생겼을 때 돈 때문에 주저할 일이 없었고, 급할 땐 택시도 탔다. 돈이 너무 없어서 오로지 돈 때문에 창업의 길로 들어섰지만, 돈보다 더 가치 있는 삶의 지혜를 한 트럭 싣고 빠져나온 기분이었다고 그 때를 회상해본다.

 게다가 나는 고작 22살이기 때문에 걱정이 없었다. 당장은 실패한거라고 볼 수도 있지만 다음주에 또 다른 관심사가 생겨도 이상하지 않을테니까. 스무 살 때는 술 취한 친구를 집에서 재워주고도 '집이 너무 좁아서 숨막히겠더라'는 말을 하고 다녀서 슬펐는데, 22살의 내겐 집이 잘산다, 부모님이 쇼핑몰 차려주셨다는 루머도 생겼다. 개인적으로는 '하다 보면 된다, 하다 보면 는다'는 것을 깨달은 이후로 무엇이든 일단 겁내지 않고 시작해볼 깡이 생겼다. 나는 홈페이지 꾸미고 운영하는 툴도 자유자재로 잘 다루고, 나를 칭찬해주는 단골 손님도 생겼고, 잠깐이나마 담당 택배 기사님도 생겼고, 우체국에서도 나를 알고, 택배비를 할

인받는 카드도 만들었다. 무엇보다 얼떨결에 자본없이 물건을 팔 수 있는 방법을 알게 됐으니, 그게 가장 큰 수확이었다. 그러니까 마음만 먹으면 언제든 다시 창업을 할 수 있는 상태가 된 것이다.

제적을 당했지만 ──────
잘될지도 모르니까

인생 초년기에 너무 신나는 생활을 했던 것일까, 대학교에서 제적 당했다는 우편이 날아왔다. 품행 불량도 아니고 성적이 불량해서 학교를 잘린다고? 이런 일은 처음 겪는 일이어서 징징댔더니 친구들도 이런 식으로 학교를 잘리는 사람은 처음 본다고 했다. 대학이라는 사회의 가차없는 차가움을 느끼는 순간이었다. 제적 면담 때문에 불려간 연구실에서 교수님은 나에게 한숨을 쉬며 '학습지진'이라고 했다. (그 땐 그게 동공지진 같은 귀여운 표현인줄 알았다.) 어쨌든 교수님은 내가 이런 성적을 갖고 공동체에서 올바른 일원으로 살아갈 수 있을지 걱정이 된다고 했다. 다음 학기부터 1년 동안 자숙 기간을 가진 다음에 면담을 통해 재입학 여부가 결정된다고 했다. 그동안 학원도 다니고 인

터넷 강의도 들으면서 전공 역량을 키워보라는 처방이 내
려졌다.

집으로 돌아가는데 애써 긍정적으로 받아들이려고 노력
했던 폐업 사실이 문득 인생의 실패처럼 느껴졌다. 무엇보
다 이젠 아무 소속이 없는 사람이라는 점이 크게 다가왔
다. 꿈도 없고, 미래도 없었다. 처음으로 이렇게 살아서 부
모님께 죄송하다는 생각이 들었다. 잔뜩 위축돼서 집에 돌
아왔는데 엄마는 그날 저녁 침착하게 탕수육에 소스를 부
어주며 '위인들도 어릴땐 퇴학을 당했다'는 말을 남겼다.
그 때는 정말 아무 것도 없는 상황이어서 더 그랬는지, 그
말이 왠지 그럴싸하게 들렸다. 그래, 이 일이 모든 일의 발
단이 될 수도 있다고 생각하니 기분이 한결 나아졌다. 아
무 것도 없지만, 그래도 나는 하고 싶은 것이 있으니까!

우리 부모님도 선생님도 '얘가 커서 인간 쓰레기가 되면
어떡하지?' 이렇게 생각하지 않으셨을 것이다. 내가 잘될
지도 모르니깐 키우고 투자한건데. 학교에서도 재입학이
가능하다고 여지를 줬는데, 세상에서도 자꾸 도전하라고,
일어나라고 부추기는데! 이 세상에서 나를 부정하는 사람,

나를 망했다고 생각하는 사람은 나 하나였다.

　그 순간의 합리화였는지, 셀프 격려였는지, 그런 생각들을 하다보니까 다시 뭐라도 해볼 용기가 생겼다. 아무튼 위인들도 다 퇴학을 당했다는 말을 떠올리며 나는 비관할 새 없이 다시 창업을 할 수 있었다.

무형으로
팔 수 있는
것들이 있다

제적당한 기간에 무얼 하며 자숙할까 하다가 왠지 내가 장사를 할 운명이라는 생각이 들었다. 근거는 없지만 그때는 그렇게 생각하고 싶었던 것 같다. 그래서 또 무엇을 팔지 계획했다. 아무래도 재고정리의 쓴 맛을 봤기 때문에 나는 더 이상 물건을 쌓아두고 하는 장사가 하기 싫어졌다. 그 때 눈에 들어온 것이 그림 판매였다. 인터넷으로 주문을 하면 동물 몸을 그린 일러스트에 내 얼굴을 합성한 그림 파일을 받아볼 수 있었는데, 한 장에 1천원이었다. 그리고 나도 모르게 속으로 이런 생각을 해버렸다.

"나도 할 수 있겠는데?"

사람이 가장 자신감이 넘치는 시기는 어떤 분야에 대해 아주 어설픈 수준의 지식을 획득했을 때라고 확신한다. 나도 할 수 있겠다는 말을 내뱉은 시점의 나는 컴퓨터 학원에서 포토샵 중급반 강의를 막 수료한 상태였다. 담당 선생님께 너무 과한 칭찬을 받은 나머지 (지금 생각해보니 고급반 강의 등록을 위한 영업임이 분명하다.) 실력 없는 자신감만 커져서 스스로를 마우스를 쥔 피카소 쯤으로 여긴 것 같다. 누끼따기, 합성 쯤이야 마우스 몇 번이면 뚝딱이니 나도 당연히 저걸 할 수 있다고 생각했다.

그 포토샵 강의를 듣게 된 이유는 지금 생각해봐도 누군가를 매끄럽게 이해시킬 수 없는 희한한 동기였다. 집에 벌써 두 번째 학사경고 고지서가 날아왔을 때였다. 어려운 사정임에도 등록금을 대주셨던 부모님은 단단히 화가 났고, 내겐 학원을 다녀서라도 학점을 복구해놓으라는 명이 떨어졌다. 세 번째 학사경고를 받으면 무려 '제적' 처리가 된다고 하니 제적을 면하기 위해 열심히 전공 공부를 하는 수밖에 없었다. 하지만 철없는 22살의 나는 내가 배워야 하는 전공과목인 C언어와 JAVA 대신 포토샵과 영상편집 강의를 신청했다. 대체 왜 그런 불효막심한 짓을 했는지는 정확한 까닭을 아직도 모르겠다. 딱히 뚜렷한 이유도 없고, 운명적인 이끌림에 따른 선택이었던 것 같다. (이상한 결정도 결과만 잘 만들면 운명이 된다.) 그리고 그 선택은 이후 내 인생의 방향을 송두리째 흔들만한 결정이 되었다.

'나도 할 수 있겠는데?'라는 생각을 하고 나는 그걸 실행에 옮겼다. 샘플 이미지에 내 얼굴을 누끼따서 합성하는 작업은 손쉽게 해냈지만, 중요한 것은 일러스트였다. 내겐 귀여운 동물 몸통 일러스트를 그릴 수 있는 손재주가 없었다. 그래서 저작권 프리 사진을 구해 거기에 합성을 했다. 야속하게도 말리는 사람이 아무도 없어서 급기야 나는 당당하게 판매글을 올리는 지경에 이르렀다.

문제의 합성 이미지 판매 샘플 사진, 눈치 없이 곰신 카페에 3번 게시

이런 썸네일 때문인지 조회수가 마구 올랐다. 잠시나마 기대를 했지만 댓글에 'ㅋㅋㅋㅋㅋㅋㅋ'만 달릴 뿐 아무도 구매하지 않았다. 나는 글을 올린지 30분도 안되어 판매글을 내렸다. 이 지면을 빌려, 수치심을 잘 느끼고 고집이 적은 타입으로 낳아주신 부모님께 감사를 전한다.

'아쉽다, 내가 그림에 재능만 있었어도 팔렸을텐데'

' ! '

판매에는 실패했지만, 나는 깨달음을 얻었다. 그건 이런 가공 이미지처럼 실물이 없어도 팔리는 무형의 상품들이 있다는 사실이었다. 내가 '재능 판매'의 영역에 눈을 뜨게 된 순간이었다.

자기객관화의 중요성

어떤 망작이라도 인터넷에 올리고 남들에게 객관적인 평가를 받아보자. 내가 인터넷에 괴이한 반인반수 사진을 '판매한다'고 한 것도 이것이 팔릴 만한 퀄리티인지에 대해 자기객관화가 전혀 되지 않았기 때문이다. 비록 조롱을 당했지만 그제야 나는 남들이 파는 것들을 자세히 뜯어보고 내가 만든 것과 비교하면서 '남들이 잘 만든거랑 내가 만든거랑 어떤 차이가 있길래 내 것은 안팔리는가' 를 고민하기 시작했다. 미술에 재능이 없었던 나에게 그 때 미적 감각이 생겨났다.

어떤 재능을
판매할까?

이미지 판매에서 좌절을 맛보고 나서, 나는 '팔 수 있는 재주' 들에 대해 생각해봤다. 조금 수치스러운 상태였기 때문에 생각을 그만둘 법도 했지만, 이미 재능 판매의 현장을 눈으로 보고 꽂힌 상태였기 때문에 멈출 수 없었다.

그즈음 '크몽'이라는 사이트를 발견했다. 왜인지는 모르겠지만 네이버에 들어갔는데 '5천원으로 당신의 재능을 나누세요' 라는 기사가 떴다. '크몽' 사이트에 관한 소개였다. 이미 판매되고 있는 재능이 3천개가 넘는 신개념 알바 사이트라고 했다. 사이트에 들어가보니 단돈 5천원에 연애상담을 해준다는 사람도 있었고 영어로 대화를 해주겠다는 사람도 있었다. 내가 알기로 '재능'이라는 단어의 짝꿍은 '기부'인데, 나만 빼고 다들 재능으로 돈을 벌고 있었다니! 또 나만 뒤쳐졌다는 생각에 날밤을 새가며 크몽 사이트를 구경했다. 크몽은 그야말로 '기회의 땅'이었다.

나도 저 사람들처럼 재능으로 무형의 자산을 팔고 싶었다. 나도 팔아볼만한 것이 있나? 노트에 내가 가진 여러 가지 하찮은 재주들을 적기 시작했다. 문제의 호랑이 그림이 실패한 원인은, 어디서 본 건 있는데 아주 대충 봤다는 데에 있었다. 하려면 제대로 해보자는 마음을 먹고, 크몽에서 팔리고 있는 것들 중 나도 활용해볼 수 있는 것이 있는지 진지하게 대조해서 적어보기 시작했다.

- 고교 시절 다수의 백일장 수상 (전국 단위 백일장 제패)

- 서예, 캘리그라피 (사이비 종교의 가짜 클래스에 당했다)

- 호두과자 쾌속 포장, 박스 빨리 접기 마스터 (이모들의 격한 칭찬)

- 포토샵 중급반 수료 (초급 1개월, 중급 1개월)

- 영상편집 중급반 수료 (초급 1개월, 중급 1개월)

22년 이력을 목록으로 정리해보니 내 눈에는 이것들이 어쩌면 쓸모가 있을 만한 재주 같아 보였다. (사실 형식을 갖춘 모든 것들은 그래 보인다.) 그리고 이 재능들을 하나씩 판매하기 시작했다. 구체적인 계획 따위는 전혀 없었다. 이상한 합성 사진이 안 팔린다는 것을 알았으니, 호기심에 '그렇다면 이건 팔리나?' 하고 테스트 삼아 글을 올린 것이었다. 내용도 단순했다.

'이런 것을 싸게 팝니다. 전 이런 경력이 있는 사람입니다.
정성껏 잘 만들어 드릴게요. 쪽지 주세요.'

내가 판 모든 무형의 아이템들은 이렇게 성의라고는 없
이 대충 상품화가 되었음에도 불구하고 구매자를 만나 빛
을 보기 시작했다. 그리고 여러 가지 품목을 테스트해보면
서 내가 할 수 있는 것들 중 가장 적게 노력하고도 잘되는
것을 찾아낼 수 있었다.

| 재료 | ●──── 고교시절 다수의 백일장 수상 |

| 상품화 결과 | ●──── 기념일 편지 대필 |

 감동적인 기념일 편지로 연인에게 감동을 주고 싶거나 바쁜 사람을 대상으로, 커플의 사연과 상황을 보내주면 기념일 편지를 대신 써드리겠다고 건당 4천원에 판매글을 올렸다. 편지를 애용하는 20대 여성이 이용할 것을 예상하고 곰신 카페에 글을 올렸지만 실제로 주고객은 3040 남성이었다. 한 명이 주문하면 이후 그의 친구들이 떼로 몰려왔다. 이 분들은 하나같이 '감동을 주고 싶은데 시간이 너무 안나서...' 라는 어구로 말문을 열었다. 가슴에 열정은 넘치는데 직장인이라서 직접 편지를 쓰고 멘트를 연구할 그 '시간'이 없다는 것이었다. 이 때, 재능을 구매한다는 건 시간을 돈으로 산다는 것과 같은 말임을 깨달았다. 의뢰인이 보낸 기본 사연과, 참고자료로 알려준 애인의 SNS를 보고 정보를 유추해서 그럴듯하게 편지를 썼다. 4천원을 내면 한 장 분량의 편지가 나오니 훌륭한 가성비를 자

랑했다. 매일 매일 2~3건씩 주문이 들어왔고, 재구매도 많이 들어왔다. 그럼에도 내 연애는 파국으로 치닫고 있는데 남의 알콩달콩 연애담을 적고 있으려니 현타가 와서 판매를 접게 되었다. 흥미로운 것은, 대필 편지를 잘 팔기 위해 책, 인터넷을 통해 감동 유발 멘트를 심오하게 연구하면서 그것이 평소 말씨에 묻어 의도치 않게 지인들에게도 과하게 감동적인 말투를 사용하게 되었다는 것이다. 그 덕분에 나의 말투가 과거의 인연들에게 좋은 기억으로 남게 되었고, 평판 상승에도 많이 도움이 되었다. 이 시절 나의 말투에 감명받은 측근들은 지금의 내게 '너 그땐 말 참 예쁘게 했는데 지금은 사회생활에 너무 찌들었다'고 말한다. 하지만 오직 나만 알고 있다. 그들이 기억하는 예쁜 말투야말로 자본주의에 찌들어 기계적으로 나오던 것이었음을…

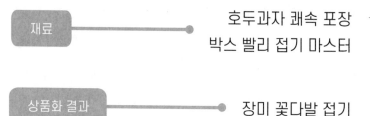

재료 ● 호두과자 쾌속 포장
박스 빨리 접기 마스터

상품화 결과 ● 장미 꽃다발 접기

크몽을 서핑하다 종이학 천마리를 접어 5만원에 파는 사
람들을 보면서, 종이접기라면 나도 한가닥 했던 스무 살
시절을 떠올렸다. 스무살 때 나는 호두 과자 공장 알바생
이었다. 내게 주어진 일은 갓 나온 호두과자를 6구, 12구,
36구 박스에 포장하는 일이었다. 하루 근무 시간은 6시간
이었는데 그날 주어진 하루치 일을 다 하면 즉시 퇴근해도
된다고 했다. 빨리 집에 가기 위해 생활의 달인만큼이나
빨리 포장할 수 있게 되었다. 한 손에 뜨끈한 호두과자를 6
개씩 쥐고 손이 안보이게 포장하고 있으면 종종 카운터에
서있던 일본인 관광객들이 쌍따봉을 날렸다. 그럴 때 마다
나는 호두과자를 사러 온 '생활의 달인' 작가의 눈에 띄어
호두과자 포장의 달인으로 공중파에 진출하는 망상을 하
면서 시간을 보냈다. 물론 그런 일은 절대 일어나지 않았
다. 아무튼 나도 종이학을 접어 팔아볼까, 생각하다가 '요

새 누가 종이학을 받고 좋아하지?'라는 생각이 들었다. 그리곤 내가 종이로 된 것에 감동받았을 때가 언제인지 떠올렸다. 그러다 주마등처럼 기억 하나가 스쳤다. 성년의 날에 남자친구가 장미꽃다발을 접어 이벤트를 해준 적이 있었다. '우리 사랑이 영원히 시들지 않았으면 좋겠어. 그래서 장미를 직접 접었어' 지금은 아주 남보다도 못한 사이가 되었지만 그 종이 장미꽃을 받았던 순간은 거의 멜로 영화 속 한 장면에 맞먹는 감흥을 줬었다. 그래, 나도 몇 번의 손놀림이면 돈도 벌고, 누군가에게 일생의 로맨틱한 순간을 선물할 수 있다! 그래서 팔게 된 것이 종이 장미 꽃다발이다. 영원히 시들지 않는 장미. 그 정교한 모양새를 보고 있으면 감동과 정성이 느껴지는 꽃다발에 심취해서 매일 매일 열심히 장미꽃을 접었다. 물론 다섯 번을 팔고 이러다 손목에 관절염이 올 것 같아서 판매를 그만뒀지만, 몇 년 전 칼퇴근을 위해 열심히 호두과자 박스를 접던 날들이 고마워지는 날들이었다.

나의 재능 소스에는 어떤 것들이 있을까?

이전에 배웠던 것, 성취한 경험, 칭찬을 들어본 경험을 사소한 것이라도 나열해보자. 엄청나게 하찮은 재주라도 그게 날 먹여 살리는 소스가 될지는 정말 아무도 모른다. 내가 호두과자 박스 접기라는 사소한 재주만 믿고 장미꽃 100송이를 접어 판 것처럼 말이다. 그리고 아래 사이트/앱을 통해서 이런 재능을 이용해 판매되고 있는 상품들이 있는지 찾아보자. 이미 누군가 그걸 팔고 있다면, 당연히 이 글을 읽고 있는 누구라도 팔 수 있다. 심지어 요즘은 당근마켓이나 번개장터에서도 재능을 사고판다. 아래 사이트뿐만 아니라 앞으로도 재능을 거래하는 플랫폼은 무궁무진하게 늘어날 것 같다.

		X

알면 돈버는 국내 재능 마켓 사이트

크몽	🔍 https://kmong.com
숨고	🔍 https://soomgo.com
오투잡	🔍 https://otwojob.com
재능넷	🔍 https://jaenung.net

플랫폼에서는 이런 것들도 팔리고 있다!

분야	판매 아이템
글쓰기	원서 번역, 독후감, 진실된 편지 대필, 축사 대필, 잘쓴 이메일 양식 묶음 판매, 행사 대본 작성, 유튜브 대본 작성
디자인	간단 캐리커쳐, 반려견 증명사진 제작, 사진 합성, PPT 디자인, 유튜브 썸네일 제작, 약도 제작, 서명 (sign) 제작, 모바일 초대장 제작, 가훈 손글씨
비대면 상담	사주명리, 타로, 연애재회상담, 관상, 작명, 손금 해석, 진로상담, 취업상담, 사업상담
기타	수리오행에 따라 핸드폰 번호와 비밀번호를 만들어준다는 재능 판매, 고민 메이트, 확률 높은 로또 당첨 번호 제공, sns아이디 작명, 명언 모음 판매

영상편지샵
창업

 한 번도 곰신을 안한 사람은 있어도 단 한 번만 곰신을 하는 사람은 없다는 명언이 있다. 나의 첫 사업을 쏘아올린 군인 남자친구와 헤어지고 나서 그럭저럭 살다가 또 다른 남자친구를 만났는데 그도 군인이었다. 그동안 군인 남자친구를 너무 사업 타겟으로만 바라봐왔던 탓인지, 내 맘속에서 군인이란 일단 감동시키고 울려봐야 하는 존재였다. 그래서 영상편집 학원에서 배운 각종 전환 효과와 자막 스킬을 총동원해 (만들라는 포트폴리오는 안 만들고) 연애 중 찍은 사진들을 재료로 한 기념일 동영상을 만들어냈다. 그리고 불시에 그것들을 애인에게 공개하며 내심 울기를 강요했다. 남자친구가 동영상을 보고 짜낸 눈물만큼 내 맘

속엔 자신감이 쌓여갔다. 아무도 궁금해하지 않았지만 친구들한테 자랑도 했다.

　그걸 보고 남자친구를 훈련소에 보내게 된 친구가 부탁 하나를 해왔다. 친구 남자친구의 훈련소에서 '여자친구 영상편지 콘테스트'를 하는데 1등을 해야 1박 2일 외박 포상을 준다는 것이다. 인터넷에 검색하면 영상편지를 제작해서 판매하는 업체들이 많았지만, 제작 기간이 일주일이나 걸린다고 했다. 곰신의 마음은 곰신이 가장 잘 안다고 했던가. 나는 묻지도 따지지도 않고 단 2시간 만에 친구에게 그들의 러브스토리로 영상을 만들어주었다. 친구 남자친구는 훈련소에서 1등을 해서 데이트 외박권을 얻게 되다.

　곰신이 되면 남자친구를 기다리는 거의 모든 일상을 곰신카페에 중계하게 된다. 그날도 어김없이 내가 영상편지를 만들어서 남과, 남의 남자친구와, 남의 남자친구 훈련소의 조교들까지 감동시켰다는 소식을 곰신카페에 올려 자랑했다. 200개가 넘는 무수한 댓글이 달렸다. 소포 뽐내기 당시와 같이 내가 만든 것과 같은 포맷으로 영상을 만들어

달라는 의뢰가 쇄도했다.

이쯤되면 영상편지 퀄리티가 얼마나 대단했길래? 하는 의문이 생길 수 있다. 그런데 솔직히 말하면 당시 내가 만들었던 영상의 퀄리티는 다시는 누구에게라도 공개할 수 없을 정도로 저질이었다. 폰트도 지금은 누구나 기피하는 기본 서체를 썼고, 자막 위치도 정렬을 전부 무시한 모양새였다. 프리미어, 파이널컷 같은 전문 프로그램을 사용한 것도 아니었다. 간단히 설명하자면, 일단 국민 프로그램 파워포인트로 낱장 슬라이드를 만든다. 그 다음 윈도우 기본 프로그램인 무비메이커, 초등학생도 다룰 수 있는 그런 초보적인 프로그램으로 그 사진들을 하나하나 이어붙여 영상을 만든 것이었다. 웃기지만 그 때는 내가 영상을 정성껏 꼼꼼하게 잘 만들어서 인기가 많다고 생각했었다.

그런데 의뢰한 사람들에게 들은 이야기들은 좀 뜻밖이었다. 실상은 그게 누가 봐도 직접 만든 영상이어서, 서툰 실력으로 애쓴게 보여서 감동을 자아내는 그런 스타일이어서, 전혀 업체에서 돈을 주고 샀다고는 생각되지 않을 정도로 시행착오가 많아보이는 퀄리티여서 사람들이 더 많이 몰렸다는 것이다. 그 사실을 이해하고 그 부분을 셀링 포인트로 잡는데에 한 달이 걸렸다. 역시 사람은 평가 속에서 성장한다. 혼자 생각해서는 절대 알 수 없는 것들이었다.

돈에 연연하지 않으면서 돈 벌기

'홈메이드' 스타일의 영상편지는 불티나게 팔려나갔다. 손님이 늘어나면서 다시 돈맛을 보게된 나는 자연스럽게 영상편지 판매를 메인으로 삼게 되었다. 영상편지를 팔면서 다짐한 것이 있다. 이전처럼 돈이 된다고 달려들어서 다양한 품목을 정신없고 잡다하게 팔지 않겠다는 것이다. 조금 팔고, 돈에 연연하지 않기로 했다. 그래서 내가 만든 온라인 영상편지 샵의 품목은 기념일 영상편지 2종류였다.

· ECONOMY ·	· BASIC ·
사진 최대 30컷 기본 자막 기본 스타일 3종 택 1 2회 수정	사진 최대 50컷 자막 스타일 3종 택 1 커스텀 오프닝 5회 수정
₩22,000	₩33,000
주문하기	주문하기

어디서 본게 생각나서 같은 제품을 이코노미 / 베이직으로 등급을 구분해 가격에 차등을 두어 팔았다. 내가 태어나기도 전에 나온 마케팅 책에서 본 것이다. 그 책에서 본 대로 2만 2천 원인 이코노미보다 3만 3천 원짜리 베이직 상품을 선택하는 사람이 많았다. 역시 아무 책이어도 상관 없으니 일단 책을 많이 읽어야 한다.

영상편지 판매는 집에 컴퓨터가 있으므로 자본이 하나도 들지 않는 완벽한 무자본 재능 판매였다. 세세하게 따지면 컴퓨터 값과 전기세, 인터넷 요금을 자본으로 잡을 수 있겠지만 대부분이 갖추고 사는 환경에서 할 수 있는 사업이니 이만하면 정말 자본의 영향이 적은 아이템이라고 생각했다. 사이트로 주문을 받고 컴퓨터로 영상을 만들어 이메일로 전송만 하면 되어서 밖에 나갈 필요도 없었다. 그 전에 이미 만들어진 물건을 사와서 팔 때와 달리 영상편지샵의 운영 방식은 1:1 맞춤 제작 기반이었다. 준비물은 컴퓨터가 전부였고 고객이 주문하면 그 때부터 상품을 만들기 시작하기 때문에 어떠한 유형의 재고도 남지 않았다.

고객 유치는 거의 소개로 이루어졌다. 군대용품을 판매

할때는 오직 같은 연령대 여성인 '곰신'만 만났는데 영상편지를 취급하니 고객의 연령대가 점점 올라갔다. 군대용품점을 운영할 때는 주문을 받고 택배를 보내는게 다라서 돈버는 목적이 더 컸다면, 영상편지 제작은 달랐다. 고객을 직접 만나 제작에 관해 이야기를 나누면서 그들을 친한 언니, 삼촌처럼 대할 수도 있게 되었다. 이전처럼 주문을 빨리 해치우고 돈을 벌어야겠다는 마음보다는, 수많은 업체들 중 이렇게 엉성한 실력을 갖고 있는 나에게 제작을 맡긴 손님을 실망시키지 말아야겠다는 마음이 생겨났다.

고객들을 좋아하게 되고, 일 자체를 즐기게 되니 주문은 더 많이 들어왔다. 이들이 귀찮아하는 것들을 대신 구매해주면서 USB에 영상을 넣어 배송하기, 이벤트용 양초와 풍선 추가 등의 옵션을 구비하게 됐다. 영상편지 여러 건을 작업 하는 것보다 단 한 건을 팔더라도 옵션을 많이 붙여 패키지로 파는 것이 더 많은 이득을 가져다준다는 것도 깨달았다.

벚꽃 엔딩

영상편지 판매를 한지 1년밖에 되지 않았는데 이쪽도 금세 레드오션이 되어서 주문이 뚝뚝 떨어지고 있던 참이었다. 처음에는 경쟁자조차 없었는데, 나와 비슷한 가격에 나보다 잘 만드는 사람이 너무 많아졌다. 주문이 하나도 없던 날에 모처럼 누워서 빈둥대다가 주문을 받았다. 혹시 죄송하지만 피치 못할 사정이 있는데 영상편지를 할인 받을 수 있냐는 내용이었다. 아무렴 주문이 들어왔다는 것만으로도 기뻐서 말씀해달라고 했다. 사연은 대뜸 '저는 시한부입니다.'로 시작되었다. 주문하신 분이 3개월 시한부 판정을 받아서 연인에게 자신이 떠난 후에 볼 영상을 만들고 싶다고 했다. 제야의 종소리보다 더 큰 울림에 정신이 혼미해졌다. 나는 유난히 가슴 아픈 이야기에 약했다. 유년 시절 집전화로 KBS1 '사랑의 리퀘스트'에 전화를 걸어

부모님도 모르게 기부를 해버리고, 학급 내 크리스마스 씰 최다 구매자였으며, 지하철에서는 할머니가 파는 껌마다 5배 덤탱이를 쓰고 사오는 사람이었다. 나는 이 분의 영상편지를 무상으로 만들어드려서 이 아름답고 위태한 사랑에 보탬이 되리라 다짐했다. 시한부 고객님이 단돈 5천원이라도 보내고 싶다는 것을 거절했다. 이미 나는 슬픈데, 설상가상으로 고객님은 자기가 직접 부른 '장범준'의 '벚꽃엔딩'을 배경음악으로 깔아달라고 했다. 첫 소절에서부터 나는 눈물을 또록 흘렸다. 그는 너무 음치였다. 원래 이 음이 맞았나 싶을 정도로 음과 박자를 다 틀리면서도 끝끝내 부르는 노래가 슬퍼서, 성치 못한 몸으로 뽑아내는 곡조가 너무! 너무! 가슴이 아파서 나는 계속 끅끅 울면서 영상을 만들었다. 그리고 내가 만든 영상을 울면서 감상하고... 영상을 전달하면서도 나는 오열했다. 그분은 이렇게 말했다.

"눈 감는 날까지 잊지 못할거에요. 하늘에서도 사장님을 축복할게요."

그런데, 그로부터 딱 일주일 후 믿기지 않는 일이 일어났다. 그분이 나와의 대화 내용을 캡쳐해서 친구한테 보내려던 것을 나에게 잘못 보낸 것이다. 시한부라고 장난삼아 말한게 먹혀서 공짜로 했다고 자랑하는 내용이었다... (그때는 카톡 메시지 삭제 기능이 없었다.) 머릿 속에 많은 장면이 주마등처럼 스쳐 지나갔다. 어쩐지, 어쩐지, 어쩐지...! 머릿 속에 '벚꽃엔딩'이 재생되었다. 나는 창피했고 어이없었고 화가 났다. 살면서 중고나라 사기도 한 번 안 당해본 나에게 이 사건은 참을 수 없이 비참한 일이었다. 안그래도 한동안 주문이 없어서 너무 슬픈데, 사람을 바보로 만들다니...

그렇지만 가짜 시한부 고객님은 머리도 좋고, 양심도 있는 사람이었다. 그는 내게 바로 전화를 해서 사과를 했다. 자기가 돈은 없는데 여자친구한테 잘 보이고 싶어서 철이 없었다고, 속여서 죄송하다고 했다. 자기가 진짜로 혈혈단신의 일용직 노동자라 이런 선택을 할 수밖에 없었다고 했고, 나는 또 바보같이 또 그 가짜일지도 모르는 서사에 속아 맘이 누그러졌다. 가짜 시한부 손님은 거짓말로 공짜 영상을 얻은 대신 자기가 책임지고 손님 3명을 소개해주겠다고 했다. 이번에는 거짓말이 아니었다. 그 손님은 진짜로 3명의 손님을 소개해줬고, 그 중 한 고객 덕에 터닝포인트를 찾게 됐다. 그 뒤로도 가끔 나의 이런 '계산 없음'은 나를 더 다양한 트랙으로 이끄는 기회가 되어주곤 했다. 이분과의 해프닝이 없었다면 그 뒤로 영상은 그렇게까지 열심히 안했을 것 같다. 이제 시한부라는 장난같은거 안치고 부디 건강히 장수하시길 빈다.

웨딩마치보다
먼저 나오는

가짜 시한부 손님이 사죄용으로 영업해온 삼총사 손님 중에 결혼을 앞둔 분이 있었다. 그 분은 '식전 동영상'을 의뢰하겠다고 했다. 결혼식 영상을 주문 받았지만 당시엔 결혼식에 갈 일이 거의 없어서 식전 동영상이 따로 있다는 사실을 몰랐다. 결혼식 기록 영상은 알았어도 예식 전에 영상이 나온다는 건 처음 안 사실이었다. 고객의 주문대로 연애 시절 사진을 엮고 하객 분들께 드리는 인사말을 담아 10분 가량의 영상을 아주 헐값에 만들어줬는데 그것이 인기가 좋아 소개가 불티나게 들어왔다. 그 뒤로 '결혼'이라는 테마에 눈을 뜨고 식전 영상에 맞는 서체, 효과 등을 열심히 공부해서 매일 식전 영상 주문을 열심히 해치웠다. 그런데 웨딩 분야는 생각보다 전문가들의 분야였다. 기본 20만원 이상 하는 영상을 나는 단돈 3만원에 팔고 있었다.

어느 날 모르는 번호로 전화가 왔다. 당연히 고객인줄 알았고, 묻는 말에 열심히 대답을 했다. 언제부터 이 일을 시작했는지, 전화받는 내가 사장인지 직원인지, 사무실은 있는지, 딱히 주문과 관련되지 않은 부분을 물어보길래 좀 이상하다고 생각하던 찰나였다. 수화기 너머의 상대방은 별안간 버럭 화를 냈다.

"장사하면서 이상하게 말을 퍼트리면 안되죠 학생, 학생이 그렇게 장사하면 남들이 다 푼돈에 만들 수 있는 줄 알잖아. 그거 여기서 이 기술로 열심히 먹고사는 사람들한테 피해 주는 일이라고."

그래서 저는 광고도 안하고 취미처럼 운영하고 있는데 어떻게 알고 연락하신 거냐고 여쭤보니 결혼 커뮤니티 게시판에 내 가게와 다른 업체 가격 비교 글이 올라오면서 그 업체가 거품이라며 욕을 먹게 되고, 피해를 주게 된 것이었다. 그 업체에서는 내가 그 게시물로 네거티브 광고를 한 것으로 오해하고 전화를 건 것이었다. 잘 해명하고 마무리 되었지만 잘 모르는 분야에 겁도 없이 뛰어들기만 했다는 생각에 뒤늦게 겁이 났다. 일단 뭔가 잘못을 한 것 같아서 웨딩 식전 동영상을 안하기로 했다.

그 길로 식전 동영상 만들기를 그만두었지만 배운 것도 있었다. 웨딩마치 전에 식전 동영상이 나오듯이, 세상에는 내가 몰랐지만 분명히 존재하는 절차가 더 있다는 점이다. 무언가를 뭔가를 제대로 해보려면 업종의 분위기라던가, 미리 시장 조사를 열심히 했어야 했다는 것. 내가 싸게 팔아서 저렴하게 팔려면 합당한 이유라도 있었어야 했는데 정말 이유도 없이 이 정도만 받아도 된다는 이유로 그랬던 것이다. 그 이전에는 '나'만 생각했다면, 이때부터는 같은 업계, 다른 분들을 포함한 '생태계' 개념도 생각해보게 되었다.

마르지 않는
우물을 발견했다

예전에 영상편지 일을 할 때 거래했던 고객에게 연락이 왔다. 분명 프로포즈 영상을 만들어 드렸는데, 결과가 좋지 않았던 모양이었다. 그는 이별 후유증으로 많이 속상했다며 서비스로 새 여자친구에게 줄 영상 하나만 만들어달라는 부탁을 했다. 분명히 프로포즈 영상을 보고 자기도 울고 여자친구도 울었다고 했으면서… 그치만 나는 손님들에게 고마운게 많은 어린 사장이었기 때문에 순순히 그 말을 들어줬다. 바란건 아니었지만 그는 고맙다며 영상 제작자를 알아보고 있다는 친구를 소개해줬다. 의뢰는 아프리카 TV의 인터넷 방송 녹화본을 보고 BJ가 리액션 하는 부분을 잘라 간단한 자막과 효과를 넣은 여러 개의 클립 영상을 만들어 달라는 내용이었다. 자신이 아프리카 BJ의 매니저가 됐고 클립 영상을 만들어서 시청자가 늘도록 홍보하는 것이 매니저의 할 일인데 자기는 컴맹이라 도저히 못하겠다는 것이었다. 심지어 장당 만 원을 주겠다고 했다. 왕년에 5인조 보이그룹 팬클럽의 열혈 회원으로 활동하며 다수의 클립 영상을 만들어본 경험이 있던 내겐 식은 죽 먹기였다. 다음 날 학교 수업이 있었지만 포카리 스웨트, 박카스, 레모나를 섞은 폭탄 에너지 드링크를 타 먹었다. 밤새 컴퓨터 앞에 앉아 클립 영상 25개를 만들고 25만원을 받았다. 그분은 그 이후로도 2개월간 나에게 클립 영상 제작을 맡겼다. 고객님은 정말 돈을 아낌없이 썼다. 물론 그분의 BJ 사랑이 두 달만에 끝나서 더 이상 일감은 들어오지 않았지만 나에겐 꽤 달콤한 두 달이었다.

한 개인이, 나같은 대중은 이름도 잘 모르는 BJ의 팬덤 활동을 위한 영상 제작에 이렇게 많은 돈을 지출하다니... 내가 군대 훈련소 영상, 기념일 영상, 식전 영상, 성장 동영상 등 나름대로 판매해본 영상의 분야가 많다고 자부했었는데, 영상 제작의 세계는 알면 알수록 그 끝이 없었다. 도대체 영상 기술로 돈을 벌 수 있는 범위는 어디까지일까? 더 가까이서 들여다본 영상 분야는 마르지 않는 우물이었다. 그 때 사람이 관심사가 다양해져야 돈도 다양하게 벌

수 있다는 것을 깨우쳤다. (심지어 그 당시는 브이로그 대
중화 이전, 지금의 大유튜브 시대가 도래하기 전이었다!)
그러니까 영상을 더 잘 만드는 사람이 되고 싶었다. 영상
전문가들의 영상을 찾아 보고 나니 내가 지금 이 허접한
실력을 갖고 영상 쇼핑몰을 하고 있다는 것이 너무 창피했
다. 지금은 장사를 할 때가 아니고 공부를 할 때인 것 같았
다. 어디서 두들겨 맞은 것도 아니고 비난 받은 것도 아니
지만 공부하지 않으면 더 이상 영상을 만들지 못할 것 같
아서 영상 공부를 제대로 해보겠다고 다짐했다.

영상 팀에
발을 들이다

어떤 분야에 열정이 생기면 모름지기 그 열정을 같이 불태울 친구가 있어야 한다. 내게도 한 때 그런 친구가 있었다. 가만히 방구석에서 키보드나 두드리는 나와 달리 그 친구는 더 많은 사람들을 만나고, 영화 제작 동아리도 가입하고, 공모전에도 참가하면서 꿈을 키우고 있었다. 하여튼 그 친구의 은혜로 유명한 영화 감독의 강의를 들으러 가게 됐다. 거기엔 나 뿐만 아니라 친구의 지인도 동행했다. 정말로 영화에 목숨을 건 것 같은, 범상치 않은 분위기의 남자였다. 그 남자는 자기가 단편영화팀의 감독이라고 소개했다. 20대끼리 모여서 매주 회의하고, 같이 공부하고, 합심해서 영화를 만드는 동아리라고 했다. 같이 영화 공모전에 나가서 상금도 타고 스펙도 쌓는 동아리라고 설명했다. 게다가 능력자들만 모여 있는데, 들어올 생각이 있냐고 했다. 동아리 소개에 홀린 나는 그 자리에서 갑자기 면접을 보게 됐다. 대충 실력과 인성을 테스트하는 자리였던 것 같다. 내가 이때까지 만든 영상을 본 청년 감독은 '싱긋' 웃었다. "어... 열정이 있는건 알겠지만, 많이 배워야 할 것 같은데요."라고 했다.

동아리에서는 영상을 만들기 위해 매주 회의를 했다. 처음으로 전문 장비를 빌려서 촬영도 해봤다. 충무로 편집실에서 영상 편집하는 걸 보는 것도 처음이었다. 매주 주제를 정해서 스터디도 했다. 그 모임에서 영상에 대해 기초적 지식이 없는 사람은 나뿐이었다. 전공 공부는 안했지만 그들이 알려주는 것은 몽땅 받아적고 외웠다. 그렇게 열심히 따라다니고는 있었지만 몇 주를 나가보니 모임에 사실상 나까지 필요가 없는 듯 했다. 거기엔 별명이 천재인 사람도 있었다. 마우스의 움직임을 최소화하고 키보드 단축키로만 편집 대부분을 해결하는 그들의 손놀림을 보자 나는 금방 주눅이 들었다. 내가 학원에서 배운 중급반 편집은 아무것도 아니었던 것이다. 마치 처음부터 영화를 위해 태어난 것처럼 능숙한 그들을 보며 잔뜩 위축된 나는 모임에 도무지 애정을 붙이지 못하고 2달 만에 모임을 탈퇴하게 되었다.

그래도 처음으로 경험해본 동아리 활동은 나름대로 신선한 충격이었다. 막상 그만두니 허전함이 몰려왔고, 무리지어 영상 만드는 일을 또 하고 싶었다. 잠깐만 멍 때려도 기존의 동아리에서 했던 촬영과 편집의 순간들이 아른아른거렸다. 공통의 꿈과 목표를 기반으로 모르는 사람들이 모여서 뭔가를 만들어내는 경험을 처음 해봤기 때문에 흥분은 쉽사리 가라앉지 않았다. 거기는 워낙 고수들이 많았으니까 이젠 나와 수준이 비슷한 초보들과 하면 재밌게 잘할 수 있을 거라며 합리화를 했다. 그래서 영상에 관심 있다고 말한 동생과 연기에 꿈이 있다는 친구를 꼬드겨서 셋이 대학생 영화 동아리를 만들었다. 하지만 동아리를 운영하기에 셋은 턱없이 적었다.

그래서 그 동아리에서 보고 배운대로, 영화인 커뮤니티의 스탭 모집 게시판에 글을 올려서 멤버를 모집했다. <초보는 어디서 경험을 쌓나요? 여기서 같이 연습하며 포트폴리오를 쌓읍시다!> 하고 홍보를 했더니 지원자가 스무 명이나 몰려서 면접까지 봐야 할 지경이었다. 포트폴리오를 쌓기 위해 열정 가득한 친구들이 모여서 총 일곱 명이 되었다. 왜 여기 가입했나 싶을 정도로 경험이 풍부하고 실력자인 멤버들도 있었다. 그들 덕에 나름대로 구색을 갖춘 3편의 단편 영화를 만들었다. 단 한 편도 수상의 영예를 안지 못했지만... 그것은 아무래도 내가 너무 초보인 우두머리였기 때문이라고 생각한다. 그래도 나에게는 현장 감각이 생겼고, 지금 돌아보면 귀여운 작품들이지만 제작에 참여한 영상 포트폴리오의 수가 쌓여 갔다. 언젠간 쓸모가 있겠지 싶어서 페이스북 페이지에다가 영상 제작 메이킹, 스틸컷, 스터디한 내용, 이런 것들을 차곡차곡 기록하기 시작했다.

사실상 그 페이스북 페이지의 팔로워는 우리 동아리 멤버들과 그들의 베스트프렌드, 내가 팔로우 하라고 윽박질러서 억지로 받아보기 버튼을 누른 학교 친구들까지 도합 서른 명 남짓이 전부였다. 고맙게도 친구들이 매번 좋아요를 눌러주긴 했지만, 팀에서는 너무 우리만 누르는 것 같아 부끄럽다는 피드백이 돌아왔다. 마침 페이스북에 돈을 내면 남들에게 게시물을 홍보해준다고 알림이 뜨길래 호기심에 3만원을 투자해 일주일동안 광고를 했다. 메시지함에는 배우들이 보내온 포트폴리오가 쌓여갔다. 심지어 이름 들으면 아는 드라마에 단역으로 출연한 사람의 이력서도 있었다. 우린 아무것도 아닌 대학생 영화 동아리인데 우리 영상에 자기를 써달라고 오디션 기회를 달라고 하다니... 배우 뿐만 아니라 방송사에서 스탭으로 일하는 친구들이 합류하고 싶다고 메시지를 보내왔다.

영상 외주가
들어오기 시작했다

아무리 생각해도 21세기에 가장 위대한 SNS는 페이스북이 아닌가 싶을 정도로 페이스북의 파급력은 엄청났다. 학교에서 수업을 듣는데, 모르는 번호로 전화가 여러 통 왔다. 자신이 모 스타트업 대표인데 본인 기업 제품의 홍보를 맡기고 싶다는 내용의 전화였다. 스타트업, 대표, 홍보... 모든 단어가 낯설고 무서웠다. 너무 겁이 난 나머지 나는 저희는 아무것도 아닌데 왜 저희에게 전화를 주셨냐고 어버버 거리며 이상한 답변을 늘어놓았다. 그 분은 대학생들에겐 전문 업체와 다른 참신한 아이디어가 있을 것 같아서 페이스북을 보고 연락을 해봤다고 하셨다. 또 열정 있는 대학생들을 응원하는 마음으로 제작비를 지불하고 영상을 맡기겠다고 했다. 지금은 그것이 저렴한 예산 내에서 홍보영상을 만들기 위한 선택이었음을 깨달았지만, 아무튼 생판 모르는 분이 우리를 믿고 영상 제작을 '돈까지 지불해가면서' 맡긴다는데 거절할 이유가 전혀 없었다. 사장님은 3분 남짓 영상을 만드는데 장비 대여료, 밥값, 장소 대여료 등을 포함해서 30만원을 불렀다. 어떤 사장님이 자기네 제품 홍보영상을 만들어달래, 30만원이나 주신대, 하니까 동아리 친구들이 '와 이건 무조건 해야지!' 해서 손을 덜덜 떨면서 외주 계약서도 쓰고 거래를 했다.

　남는 돈이라곤 한 푼도 없었지만 남의 돈을 받고 영상을 만드는 것은 꽤나 달콤했다. 워낙 배고픈 작업이라 그런지 단편 영화를 만들 때는 이럴 수가 있나 싶을 정도로 아이디어가 고갈이었던 기억이 난다. 그런데 돈을 받아 영상을 만들려고 하니 없던 아이디어도 샘솟고, 난관에 봉착할라치면 바로바로 기가 막히는 솔루션이 떠올랐다. 배우 친구들은 또 어찌나 열연하던지, 다시 한 번 감사를 전하고 싶다. 평소에 써보고 싶었던 장비를 마음껏 대여하고도 돈이 남아 제작비 내에서 공짜 밥도 먹을 수 있었다. 남의 돈을 끌어오다니 이게 꿈이냐 생시냐며 온종일 추켜세워주는 고마운 팀원들의 격려를 들으며 하루하루를 꿈같이 보냈다. 본격적으로 외주 구인구직 커뮤니티에 우리 영상 동아리의 포트폴리오와 역량을 어필한 홍보 글을 만들어 올리기 시작한 것도 그 때부터였다. 약동하는 봄의 기운을 타고 50만원, 120만원, 400만원... 의뢰인들의 제안 금액도 올라갔다.

일전에 단편 영화를 만들 때, 공중파 방송 현장에서 일하며 우리 팀에서 취미 활동을 하던 음향 감독 친구가 나의 어깨를 잡고 조심스럽게 '내가 볼 땐... 너에게 영화인의 피가 흐르지 않는 것 같아.' 라고 일러준 적이 있다. 그는 계속해서 외주 의뢰를 주렁주렁 달고 오는 내게 자신의 눈이 정확했다며 이 팀에 끝이 생기면 영화에 시간 낭비 하지 말고 냅다 광고, 홍보 등 상업 영상 분야로 가라고 했다. 그러다 대학교 시험 기간이 다가왔다. 누구는 고시촌으로 들어가고, 누구는 해외로 떠나고, 또 하나둘 일반 기업으로 취업 준비를 하게 되면서 누군가의 예언처럼 팀은 조용히 증발했다.

팀 해체 이후 딱히 영상을 만질 일이 없어져서 허전할 때쯤 이전에 영상을 의뢰했던 사장님에게 다시 연락이 왔다. 요지는 자기 친구들 두 명한테 홍보영상 자랑을 했더니 그들도 나한테 영상 제작 의뢰를 하고 싶어 한다는 것이었다. 팀이 증발해 나 혼자가 되었다고 말했지만 사장님은 오히려 그 사실을 반겼다. 나 혼자서도 충분히 만들 수 있는, 작은 스케일의 영상을 맡길 거라는 말에 혹해 다음 날 사장님 친구들과 미팅을 하게 되었다. 그들은 기막힌 아이디어를 가지고 시장에 뛰어들어 세상을 바꾸려고 하는 사람들의 모임이라고 했다. 짧게 말하면 예비 스타트업 창업가 모임이랬나. 아무튼 팔에 바르면 기분이 좋아진다는, (본의 아니게 성분을 의심했던) 만능 크림, 미국 대학교의 기숙사에서만 맡을 수 있는 향이 난다는 룸 스프레이, 제때 일어나지 않으면 5천원을 결제해버리는 위험한 알람시계 앱 등의 아이디어들이 기억 난다.

이 사장님들의 목표는 기발한 아이디어를 제안해 정부 지원을 받거나 크라우드 펀딩을 받아 사업을 하는 것이었다. 내가 해야할 일은 이분들이 가진 아이디어를 1분짜리 영상으로 간결하게 표현하는 일이었다. 사장님들이 건네준 명함을 보고 의아했던 점은, 그들이 다들 걸출한 대기업에 다니는 직장인들이었다는 것이었다. 낮에는 평범하게 일하고, 퇴근을 하면 사장이 되는 이중생활을 하고 있는 거라고 했다. 대한민국 직장인이 그렇게 고단하다는데 그럴 여력이 있다니, 이 세상에는 정말 에너지가 넘치고 열정적인 사람들이 많구나 하고 존경심까지 일 지경이었다. 이분들에겐 뇌 어딘가에 마르지 않는 아이디어의 샘이라도 있는 것인지 어디서 들어본 적도 없는 아이템이 끊임없이 쏟아져 나왔다. 영상 제작비가 한 두 푼도 아닌데, 소중한 월급을 이렇게 탕진해도 되는 걸까 걱정이 되기도 했다. 지금 생각해보면 일종의 생산적 성격을 띤 일탈이었던 것 같다. 그 때는 이런 활동을 지칭하는 용어가 딱히 없었는데, N잡러와 부캐라는 용어가 활발히 사용되는 요즘에서야 나도 그들이 뭐하는 분들이었는지 정확히 이해할 수 있게 되었다. 아무튼 섭섭지 않은 금액의 제작비를 받고 일을 하는데, 사장님들이 계속 피드백을 해와서 일이 도무지 끝나지 않았다.

의뢰 받은 영상을 만들기 시작한지 세 달이나 지났다. 이쯤 되면 영상 제작이 마무리 되고도 남아야 하는데, 일하는 기간이 은근슬쩍 하루 이틀 연장되면서 평균 시급이 줄고 있었다. 개인정보 약관을 읽지도 않고 전체동의를 눌러왔던 습관 때문에 계약서도 헤드라인만 보고 싸인을 해버렸던 것이 화근이었다. 계약서의 끝에는 '상호 합의에 따라 제작이 완료되기 전 갑은 을에게 제한 없이 수정을 요청할 수 있다.' 라는 항목이 있었다. 이 재수없는 스타트업인지 뭔지 이런거 하는 사람들 근처에는 다시는 얼씬도 하지 말아야지! 하고 다짐했다. 후에 입사하게 된 회사가 스타트업이었던 것을 생각하면 아직도 어처구니가 없다. 운명의 장난처럼 스타트업 여성들의 일과 삶이라는 커뮤니티의 운영진까지 하게 되었다. 그 커뮤니티에서 직장인이 주말을 활용해 소소하게 용돈 벌 수 있는 아이템에 관한 노하우를 나누는 모임을 열었다가 지금의 출판사 대표님을 만나 이 책을 쓰게 된 것을 생각하면, 그 때 그 때 느낌에 따르는 것도 나쁘지 않다는 생각이다. 느낌에 따라 '하는'게 중요한 것이다.

개미들아
미안해

재입학 후 일과 학업을 병행하며 가까스로 대학 졸업까지 앞둔 나는 '취업'이라는 거대한 관문을 맞닥뜨리게 되었다. 나름대로 일찍 창업도 하고, 영화 동아리 같은 진로 탐색 활동도 하고, 돌아보면 게으르게 산건 아니었다. 그러거나 말거나 사실상 기본 요건인 어학 자격증도, 기사 자격증도 없었기 때문에 누가 봐도 취업 자격 미달이었다. 어느 날은 친구를 따라 채용박람회에 갔는데 나는 이력서도 없었고, 취업시장에서 내세울만한 스펙이라곤 아무 것도 없었기 때문에 자꾸 주눅만 들고 재미가 없어졌다. 그래서 친구가 모의 면접을 보는 동안 카페에서 스콘과 커피를 먹으면서 시간을 보내고 있었다. 그런데 그 카페에서 처음 맛본 샹달프잼 맛이 기가 막혔다. 잼이라곤 딸기잼밖에 몰랐던 내게 샹달프 무화과잼, 복숭아잼, 라즈베리잼의 존재는 충격적이었다.

집에 돌아가서 토익 공부해야지 하고 다짐해놓고는 인터넷 쇼핑몰에 들어가서 무려 12가지 맛의 샹달프 잼을 주문하기에 이르렀다. 잼 맛의 충격에서 헤어나오지 못하고 나는 100년이 넘는다는 샹달프 잼의 역사에까지 빠져 들었다. 매일 잼의 역사, 잼의 종류, 한 평생 잼만 만들어온 프랑스 잼 명장의 인터뷰만 찾아봤다. 어느새 프랑스 국립 제과학교의 잼 전문가 과정까지 알아보고 있었다. 나는 나의 진로를 '잼 장인'으로 정했다. 토익 성적은 없지만 샹달프 잼을 사랑하는 마음만은 990점이었다.

내친 김에 날을 잡아 인터넷 레시피를 보고 딸기잼, 블루베리잼을 만들었다. 특별한 계량이나 비법 없이 만들었는데도 너무 맛이 있었다. 내가 요리에 재능이 있었나봐, 내친 김에 '예스잼'이라는 상호까지 짓고 가게는 성수동에 내겠다고 생각했다. 내가 만든 잼이 너무 맛있어서 식빵을 10장 정도 해치우고 나니 식곤증이 몰려왔다. '10분만 자고 설거지 해야지...' 하고 소파에 드러누웠다. 그리고 1시간 정도 지났을까, 종아리에서 느껴지는 간질간질한 감각에 잠이 깼다. 개미였다. 눈 앞에는 새카만 테이블이 있었다. 원래 우리집 테이블은 하얀 색이었는데...

정신을 차려보니 거실 테이블을 개미가 뒤덮고 있었다. 우리 집은 주택 1층이었고, 설탕과 잼 냄새가 바깥에 있던 개미 군단을 자극한 것이었다. 살면서 그렇게 많은 개미 떼는 처음 봤다. 분명 눈 앞에 펼쳐진 광경이지만 cg가 아닐까 의심할 정도로. 어렸을 때도 개미 밟는 장난을 안하던 내가 살기 위해 개미를 잡고 있었다. 하지만 혼자 힘으론 역부족이었다. 인터넷에 검색해보니 실제로 수제청, 잼 가게를 운영하면서 재료 보관할 때나 만들 때 벌레가 많이 꼬인다는 글이 있었다. 나는 개미와 타협하거나 개미와 싸워 이길 자신이 없었다. 업체까지 불러 개미를 해결하고 다시는 집에서 이런 짓을 하지 않겠다고 가족들과 약속했다. 그리고 잼은 영원히 사서 먹기로 했다. 샹달프가 100년의 역사를 지켜가며 계속 잼을 만들어줘서 참 다행이었다. 그날 잼을 직접 만들어보았기 때문에 나는 '예스잼'에 대한 미련으로부터 완전히 해방되었다.

잼 가게 창업에 대한 미련은 버렸지만 내게 남은 것이 있었다. 그건 바로 부동산 정보였다. 예스잼 창업을 생각하면서 나는 무일푼 처지에 무턱대고 성수동에 가서 잼 가게하기 좋은 작은 상가 자리들을 보러 다녔다. 성수동을 점

찍은 이유도 별거 없었다. 살던 곳도, 학교도 성수동 근처라서 나에게 가장 친숙한 핫플레이스가 성수였기 때문이었다. 실상 토익공부를 하며 앉아있기가 싫어서 딴짓을 한 거였다. 당시 성수동 부동산 사장님으로부터 '이정도 규모라면 서울숲 말고 성수역 어느 구역으로 가라' 라는 말을 들었다. 정확히 5년후 지금 나는 그 때 부동산 사장님이 일러주신 거리에 굉장한 조건의 사무실을 구하게 되었다. 사장님이 지목한 구역은 그 이후 5년 뒤에도 젠트리피케이션의 폭풍에서 살아남아서 위치와 시설을 감안했을 때 믿기지 않을 만큼 좋은 가격대로 매물이 형성되어 있었다. 당시에는 쓸데없는 짓이라도 훗날 어떻게든 도움이 된다는 말이다.

핸드폰 케이스 쇼핑몰

그 무렵, 핸드폰 케이스에 키링을 주렁주렁 매다는 것이 유행이었다. 나도 친구들을 따라 유명 쇼핑몰에서 키링이 달린 3만원짜리 케이스를 주문했다. 주문 폭주로 인해 3주 만에 받아본 키링 케이스는 일주일만에 부속품이 모조리 떨어지고 체인만 앙상하게 남은 모양이 되었다. 그 키링은 수시로 들여다보고 꺼내서 남에게 자랑할 정도로 예뻤지만, 다시 사기에는 너무 비쌌고 퀄리티를 신뢰할 수 없었다. 더 저렴하고 튼튼하게 만드는 상점이 있는지 찾아보다가 동대문에서 키링 부자재를 판다는 게시글을 보게 되었다. 역시 구하는 자에게 길이 있다고, 집에서 걸어갈 거리에 동대문 종합시장이 있었다. 동대문 종합시장 5층은 신세계였다. 거기에서는 단돈 5천원이면 나에게 필요한 참을 다 살 수 있었다. 하지만 한 층에 100군데나 넘는 상점이 있었고 그들이 파는 오색찬란한 재료들에 눈을 빼앗긴 나는 거기에서만 10만원을 탕진하고 왔다. 내가 산 것과 디자인은 비슷하게 예쁘면서도 몇 배는 튼튼한 키링을 만들겠다는 일념으로 키링 만들기를 시작했다. 공예는 처음이라 시행착오가 있었지만 부자재와의 씨름 끝에 그럴듯한 키링을 10개 정도 만들 수 있게 되었다. 이것들을 친구들에게 만들어 나눠줬는데 다들 '이정도면 인터넷에 팔아도 되겠다'라고 했다.

핸드메이드 판매를 경험한 이후 '팔아도 된다'라는 말은 내게 거의 어떤 '버튼'과 같았다. 참을 조립하는 것이 귀찮아서 그렇지 만드는 것은 쉬웠다. 그땐 졸업 학점을 채우기 위해서 인턴을 하고 있었는데, 학점을 준다는 이유로 일하고도 대가를 지불받지 못해서 돈욕심이 귀차니즘을 이길 저도로 궁핍했다. 그리고 키링은 실패할지라도 부담이 되지 않는 아이템이었다. 그날 나는 밤새 키링 30개를 만들었고 다음 날 또다시 하루 만에 모든 서류 절차를 끝내고 상점 하나를 만들게 되었다. 그렇게 충동적으로 다음 날부터 키링 판매를 시작했다. 여전히 저지르고 수습하는 습관이 고쳐지지 않아 상품 등록부터 하고 홍보 방법을 궁리했다. 인스타그램 스폰서 광고, 인플루언서 협찬 광고 등 인터넷에서 접할 수 있는 작은 가게 홍보 방법을 모두 따라했다. 그러자 내게도 하루에 5-6건씩 주문이 들어왔다. 그리고 한 달에 50만원 정도의 부수입을 만들 수 있었다. 작게나마 번 부수입은 다시 공부하는데에 투자했다. 이 시기에 공부한 것들이 지금 사업을 하면서도 많은 도움이 되고 있다. 가장 잘 한 점은 초보자는 가리지 않고 배워야 한다는 생각으로 좋은 것을 고르는데에 시간을 낭비하지 않았다는 것이다. 후기가 그다지 좋지 않은 책도 구매해서 보고, 커뮤니티에서 사짜라고 욕먹는 사람의 오프라인 강연도 들었다. 설령 가르쳐 준 사람이 돌팔이였다고 하더라도 남의 말에 집중하고 복습하고 적용해보려는 그 순간의 태도가 나에게는 남는 것이니까. 배운 것들이 쌓여가면서 도움이 되는 것과 그렇지 않은 것을 구분하는 눈이 생겨났다.

요즘 유행하는 에어팟 탈부착용 열쇠고리를 만들겠다는 결심을 한다고 가정하고, 판매의 과정 쉽게 알아보기

1. 인터넷 쇼핑몰과 SNS에서 최근에 팔리고 있는 품목의 디자인과 가격을 조사한다.

2. 열쇠고리 만드는 방법을 찾아보고, 재료를 어디에서 살 수 있는지 부자재 거래처를 조사한다.

3. 동대문 종합시장에 가서 부자재를 구입한 후, 열쇠고리 다섯 개를 만들어본다.

4. 지인에게 선물해본다. 너무 가까운 사이면 팔이 안으로 굽으니 적당한 거리의 지인에게 선물하는 것이 좋다.

5. 선물하고, 반응을 살핀 다음 '내가 만들었어' 라는 말을 덧붙인다. 반응이 안좋으면, 조금 더 고민해본다.

6. '팔아도 되겠는데?' '파는 것보다 예뻐' 라는 피드백이 오면, 그 때 부터 구체적인 판매 형태를 구상한다. (어디에 내놓으면 팔리는지, 얼마에 팔아서 얼마의 마진을 남길지)

플리마켓
나가기

봉사활동을 하러 갔다가 또래였던 플리마켓 담당자와 친해졌다. 그 플리마켓 담당자가 내 인스타그램을 보다가 내가 파는 키링을 보고 마켓에 참가하라는 제안 메시지를 보내 왔다. 단순히 재미있겠다는 생각이 들었다. 그래서 키링 40개를 들고 생애 첫 플리마켓에 나갔다.

플리마켓의 장점은 물건을 직접 들고 나가서 사람들에게 보여줄 수 있다는 데에 있다. 고객을 직접 만날 수 있기 때문에 내가 파는 물건 중에 무엇이 인기가 많고 없는지 바로 파악이 가능하다는 것이다. 내가 참가했던 곳들은 그다지 목이 좋은 곳이 아니라 그런지 참가비가 없었는데, 인기 상권에 있는 플리마켓에는 참가비가 있다. 판매 행위라고는 테이블 하나 크기의 천막에 서있는게 전부였지만, 플리마켓 판매는 지금까지 온라인 판매만 해온 내게 신세계나 다름없었다. 그곳에서 나는 키링을 개당 4천원에 팔았다. 오프라인으로는 첫 판매라서 손님에게 설명도 제대로 못하고 어리버리 했는데도 6시간 동안 8만원 어치를 팔았다. (물론 플리마켓에서 쓴 돈이 더 많지만 말이다.)

플리마켓 판매 현장에서 만난 셀러들은 가지각색의 다양한 물건들을 팔고 있었다. 매듭으로 만든 머리끈, 직접 그린 그림을 인쇄한 에코백, 1분 타이머를 재고 캐리커쳐를 그려주는 판매자도 있었다. 그리고, 나처럼 키링을 파는 사람들도 있었다. 나랑 같은 품목을 파는 판매자가 어떤 식으로 판매를 이끌어내는지 눈 앞에서 볼 수 있다는 것은 평소에는 해볼 수 없는 귀중한 경험이었다. 초보셀러였던 나는 장사가 잘 안돼서 본의 아니게 수시로 남의 부스를 자꾸 엿보게 되었다. 상호를 인스타그램에 검색해보니 그 사장님의 가게는 이미 3만 명의 팔로워를 거느리고 있었다. 겨우 1000명의 팬을 모으고 좋아하던 내게는 닿을 수 없는 꿈의 숫자였다. 3만 명이 추종하는 인기 상점의 사장님답게 그는 현란한 판매 스킬을 구사했다. 키링을 2개 사면 하나를 더 얹어주는 2+1 전략, 그 자리에서 상점 인스타그램 계정을 팔로우하면 1천원을 깎아주는 전략. 커플끼리 와서 커플 케이스를 구매하니까 갑자기 폴라로이드를 꺼내서 사진을 찍어 건네주기도 했다. 아무 것도 준비하지 않고 그저 물건만 올려놓고 설레어하던 내 부스와 그 사장님의 부스는 완전히 다른 세계였다. 역시 백문이 불여일견이라고, 그동안 책으로 공부한 판매의 스킬보다 그 날 하루 실제로 보면서 알게된 실전 노하우가 더 많았다.

플리마켓 참가하는 법

1 네이버 카페 문화상점 (https://cafe.naver.com/pandamarket)
국내에서 열리는 플리마켓 정보가 가장 빨리, 많이 공유되는 소상공인
정보 플랫폼. 이미 자리를 잡은 셀러들이 소정의 양도비를 받고 자리를
양도하기도 한다.

2 네이버, 인스타그램에서 '플리마켓 셀러모집' 키워드를 직접 검색해서
공고 를 보고 직접 참가 신청

플리마켓 참가의 장점

○ 오프라인 가게를 내면 어떻게 될지 미리 반응을 보고 시뮬레이션 해볼 수
있다.

○ 그날 장사가 안돼도 손해 보는 비용이 적다.

○ 인스타그램, 스마트스토어를 홍보하고 그 자리에서 즉시 팔로워를 만들
수 있다.

○ 평일엔 직장인, 주말엔 플리마켓 셀러로 투잡도 가능!

플리마켓 참가의 단점

○ 좌판을 세팅하고, 판매 후 철거까지 해야 하기 때문에 몸이 힘들다.

○ 유의미한 수익으로 이어지지는 않는다.

○ 응대하기 어려운 고객을 만날 수 있다.

취업

2017년 여름, 어김없이 저녁에 친구들과 술을 먹고 있는데 학교 선배에게 연락이 왔다. 구체적으로 말하자면 명절이나 새해에 연락하지 않는 범위의 선배였다. 4년 전에 30초짜리 영상을 하나 만들어주는 대가로 밥을 얻어먹기로 했는데 한국 사람이 만드는 대부분의 밥 약속이 대개 그렇듯이 그 약속은 서로 바쁘다는 이유로 천천히 휘발되었다. 나는 그게 이제야 생각나서 4년만에 연락을 해온 줄 알고 반가워했다. 선배에게 홍콩반점에서 짜장면을 얻어먹으며 나는 사람이 역시 대가 없이 베풀더라도 어떻게든 돌아온다는 생각을 했다.

짜장면 한 그릇을 다 비우자 선배는 다음 주부터 출근할 수 있냐고 했다. 게임 스타트업 회사를 운영하고 있는데, 회사에 영상 만드는 사람이 필요하다는 내용이었다. 주변에 영상 만지는 사람을 찾다가 알게 되어 연락하게 되었다고 했다. 졸업 당시 평균 평점 2.2 자격증 무, 어학성적 무, 전공 관련 경력 전무, 프로젝트 경험 전무. 성적불량 제적 경험 유. 나를 써줄데가 아무 곳도 없다고 생각했다. 이런 내게 달마다 꼬박꼬박 월급을 주신다니, 열심히 할게요! 하고 그 다음 주부터 출근을 하게 됐다. 정말 인생은 한 치 앞을 모르는 것이라더니 어쩌다가 발을 들이게 된 영상 분야 덕분에 전공 분야로 취업을 하게 된 것이다.

그렇게 들어가게 된 게임 스타트업 회사에서는 그동안 혼자서만 일해왔던 내가 전혀 알지 못하는, '회사'에서만 배울 수 있는 것들이 쌓여 있었다. 선배들은 조직 생활의 기본 태도조차 갖춰져 있지 않았던 내게 정말 기본적인 메일 및 문서 작성 방법, 타인과의 소통 방법 등 인생에 도움 되는 많은 것을 육아하듯 내게 돈을 들여가며 가르쳐 주었다. 회사에서 보낸 시간이 없었더라면 지금을 상상할 수 없을 정도로 함께 했던 모든 분들에게 감사하고 값진 시간 이었다. 그렇게 남들이 꿈의 직장이라고 하는, 점심시간이 2시간이나 되었던 좋은 조건의 게임 회사에서 엉성하고 위태롭게 근무하며 3년이라는 시간이 흘렀다.

4년 후
이야기

 3년간 다닌 게임 회사를 퇴사하고 반 년 정도 자유를 누렸다. 최근에는 성수동의 한 스튜디오로 출근하고 있다. 이 스튜디오의 장점은 내가 원하는 만큼의 월급을 주는 데다가 탄력근무제를 채택하고 있으며 연차 사용이 무제한이다. 일이 잘 안 풀릴때 별안간 자리를 박차고 일어나 줄행랑을 쳐도 아무도 뭐라고 하지 않는다. 일하다 잠이 오면 집에 가서 자도 된다. 복지로 따지면 구글이 부럽지 않을 정도다. 다만 퇴근을 제때 못하고, 집에 들어가서도 일을 해야 하는게 흠이다. 그래도 회사가 벌어들이는 돈이 다 내 것이니까 워라밸은 없어도 된다는 마음으로 일하고 있다. 대충 회사 나와서 창업했다는 얘기다. 7년 전 무턱대고 잼가게 창업을 꿈꿀 때 무모하게 점 찍어둔 성수동에 아늑한 12평짜리 개인 사무실을 구해 스튜디오를 오픈했다. 여기에서는 소품도 팔고, 사진과 영상 편집 작업도 하고, 그래픽 작업을 하기도 하고, 장소를 촬영용으로 빌려주기도 한다. 온라인으로 판매도 하고, 손님을 직접 만나기도 한다. 신기한 일이다. 여태 살아오면서 사람이 자기 하고 싶은거 다 하면서는 살 수 없다는 말을 귀에 못이 박히도록 들어왔다. 그런데 지금 나는 하고 싶은 것을 다 하면서도 가장 좋아하는 일을 메인으로 하는 사람이 되었다.

스튜디오를 오픈한지 이제 1년이 지나서 아직은 성공 여부를 판가름할 수는 없겠지만 당장은 성수동 월세가 부담이 되지 않을 정도로는 벌고 있다. 장사가 너무 잘돼서 개인 시간이 없을까봐 조바심을 냈더니 진짜로 개인 시간이 점점 사라지고 있다. 물론 주변에서는 코로나 시국에 창업을 해버린 내게 걱정 어린 시선을 보낸다. 어느 회사든 당장 다음 달에 없어질 리스크를 안고 있는건 당연하니까 그런 사실에는 연연하지 않고 있다. 내가 하고 싶은 일들, 즐거워 하는 일들, 게다가 이미 한 번씩 해봐서 익숙하고 편안한 일들을 업으로 삼고 있다는 것만으로도 만족스러운 날들이 이어지고 있다. 일단 시작했으니 이번에 한 결정이 결과적으로 옳은 선택이 되도록 애쓰면 되는 것이다.

퇴사
후의 삶

이 장에서는 퇴사하고 스튜디오는 어떻게 차린건지 친절하게 전개하기 위해 다시 퇴사한 시점의 이야기로 돌아가 본다. 퇴사 후 두 달 간은 소파 아니면 침대에서 누가 던져놓은 슬라임처럼 늘어져 지냈다. 가끔 상상해본 퇴사 후의 삶은 이런게 아니었는데, 코로나 시국에서 맞게 된 퇴사 후 일상은 '창살 안의 자유'였다. 퇴사하면 해야지 하고 다짐했던 것을 해외여행 무산, 헬스장 폐쇄를 시작으로 줄줄이 실천하지 못했다. 기상 시간이 1,2시간씩 늦어지더니 이제는 대한민국 시차에 살지 못하고 런던 시차에서 스페인 시차로 삶의 리듬이 넘어가게 되던 때였다. 남들 다 퇴근하는 시간대에 일어나는 삶이 지속되자 지인들은 나를 붙잡고 코로나 때문에 강제로 갇혀 지내는 지금이야말로 공부하기 적기이니 공무원 시험을 봐라, 아니다 30살이 되기 전에 대기업에 입성해야 한다, 등 무수한 조언을 해주었다. 물론 내가 퇴사하면 하고 싶은 것들도 여러 개 있었지만, 주변의 조언에 귀를 기울이다보니 하고 싶은 일들은 후순위로 밀려나기 시작했다. 뭘해야 할지 모르겠어서 어제는 NCS 문제집을 사서 두 장 풀다가, 오늘은 갑자기 공단기 사이트에 들어가서 프리패스를 알아보고, 내일은 적당히 이직할만한 회사가 어딘지 봐야지 하고 결심하는 날들의 반복. 놀이터 모래로 두꺼비집 짓듯이 근본 없는 계획을 세웠다가 부수길 반복하며 그 아깝다는 29살의 하루하루를 실컷 낭비했다.

동묘에서 만난
기적의 좌판

　사람마다 자주 발걸음하는 자기만의 핫플레이스가 있듯이, 내게도 방문하면 마음이 편해지는 장소들이 몇 군데 있다. 그 중 하나가 동묘인데, 약간 내 자신이 찌질하게 느껴질 때 구제시장을 돌아다니고 있으면 왠지 힙스터가 된 느낌이 들어 기분이 좋아진다. 그저 느낌 뿐이지만... 동묘에서 물건이 팔려나가는 과정을 보면 정말 세상에 쓸데없는 존재는 없는 것 같아서 묘하게 위안이 됐다. 평소에 나는 큰길로만 다니는데, 어느 날은 느닷없이 할아버지들끼리 싸움이 나서 원래 다니던 길이 상당히 소란스러웠다. 하는 수 없이 다른 골목으로 들어갔다가 한 좌판에 시선을 빼앗겨 한참 서 있게 되었다.

말은 좌판이라지만 맨바닥에 은박 돗자리를 깔아두고 그 위에 물건을 쌓아둔 것이 전부였다. 돗자리도 한강에서 굴러다니던 것을 주워온게 아닐까 의심되는 모양새였다. 아무튼 여러 사람이 그걸 보고 흥정하고 있으니까 나도 따라서 돗자리 좌판을 구경하는데 여기엔 뭐 제대로 된 물건이 없었다. 당장 내 가방에서 아무거나 집히는 소지품을 꺼내 슬쩍 올려둬도 아무도 모를 것 같았다. 반 밖에 안 남은 엘라스틴 샴푸 500원, 고장난 뻐꾹시계 3천원, 쓰레기통에서 주워온 것이 분명한 도끼빗 300원, 판매 품목에 카테고리의 통일성이라곤 전혀 없고 장터인지 쓰레기장인지 정체마저 불분명한 좌판. 심지어 주인 할아버지는 멀찍이 앉아서 막걸리를 마시며 툭툭 가격을 불러주고 있었다. 물어볼 때마다 가격도 달랐다. 이것들이 팔리긴 하는지조차 의문이었다.

그런 생각을 하는데 누군가 반 남은 엘라스틴 샴푸를 700원에 사갔다. 심지어 방금 전에는 500원이었는데... 너무 충격적이고 놀라서 중고 거래가 끝난 후에도 거기에 한참 서서 구경을 했다. 그런데도 거기서는 그런 말도 안되는 물건이 계속해서 팔리고 있었다. 이 좌판에서 안 팔릴 물건은 없을 것 같았다. 할아버지와 눈이 마주치자 나도 모르게 또 누가 쓰다 버린 모양의 쟁반 하나를 샀다. 단돈 오백 원. 그 날은 좌판과 물건만 있다면 뭐든지 팔 수 있다는 교훈을 얻었다. 그 날부터 나도 자꾸 동묘에서 뭔가를 사게 되고, 집에 모아놓기 시작했다.

성수동에 사무실을 구하게 된 사연

29살과 30살 사이에 차원의 벽이 존재하는 것도 아닌데 29살의 여름이 되자 조급한 마음이 생겨나기 시작했다. 10.0으로 맞춰진 러닝머신에 강제로 태워진 느낌이었다. 곧 30살이 된다는 이유로 12월 31일이 되기 전에 빨리 뭔가를 벌리거나, 아무튼 백수 상태를 벗어나야겠다는 조바심이 들었다. 그렇다고 정말 각잡고 이직을 하기에는 그동안의 경력을 어떻게 활용해야 할지 감조차 잡히지 않았다. 게임회사에서 마케터로 일했지만, 그 두 가지 모두 내 길은 아니었다. '그럼 나는 대체 뭘 해야 할까'라는 생각을 하기만 해도 머리가 아파서 그 때부터 재취업 컨설팅을 받기 시작했다. 취업 고민도 남들이 대신 해주는 스마트한 시대임에 감사하면서.

"마케터를 3년 하셨다고요... 그런데 아직 전문적으로 운용할 수 있는 채널이 없으시고.. 동일 경력 그룹 대비 참여 프로젝트도 애매하고...하하"

"커리어 패스가 전혀 그려지지가 않네요. 프리미엄 컨설팅을 받으셔야겠는데요."

마음이 아프지만 컨설턴트들의 말은 죄다 사실이었다. 회사 생활을 하면서 다룰 수 있는 툴은 많아졌지만 자신 있게 사용할 수 있는 툴은 없었고, 딱히 회사의 성장에 기여한 바가 없어서 이렇다 할 경력 자체가 없었다. 그렇게 되니 생각할 거리가 없어졌다. 고민이 해소된게 아니었다. 나도 좀 내 미래와 커리어에 대해 고민을 해보고 싶은데 그럴 자격을 빼앗긴 상태가 된 것이다. 그런 상태로 이면도로를 걷다 보니 임대 쪽지가 나붙은, 텅 비어버린 공실들의 행렬이 눈에 들어왔다.

그즈음, 20대가 다 끝나가는데 이룬건 없어 불안한 마음에 뒤늦게 《20대여 OO에 미쳐라!》 , 《20대에 꼭 해봐야 하는 것들》 같은 도서를 하루에 서너 권씩 독파했다. 그 영향으로 머릿 속엔 어차피 젊음을 낭비할거면 20대가 끝나기 전에 사업을 한 번 해봐야겠다는 무모한 생각이 가득 들어찼다. 그렇지만 아무 것도 없는 상태였다. 생각해둔 업종도 없고, 대략의 미래 계획도 없고, 납득되는 창업자금도 없는데 게다가 겁까지 없는.. 모든 것이 '무(無)'로 존재하는 상태로 부동산에 들락거리기 시작했다.

　그냥, 정말 그냥 가게만 알아보고 있었다. 사업 아이템도 정하지 않은 주제에 나는 승복을 걸친 대머리 아저씨가 와서 시주를 부탁하면 어떻게 돌려보내지, 원하지 않는 좋은 말씀은 어떻게 거절하지, 이런 걱정들을 했다. 불특정 다수가 방문하는 가게 운영은 아무래도 내 체질이 아닌 것 같았다. 그렇게 생각하고 일반 사무실을 알아보기 시작하자 곧바로 기가 막힌 사무실 임대 매물이 나타났다. 하필 성수동이었고 가진 돈은 적지만 넘볼 수 있을 정도로 적당한 가격이었다. 그래, 전에 성수동에서 잼 가게 하려고 꿈꾼 적이 있었지. 그러게 하필 다른 동네도 아닌 성수동인데다가 이 사무실 자리를 탐내는 사람들이 20명에 이른다고 했다. 여기 있던 사람들이 대대로 크게 잘돼서, 특히 기존 임차인 분이 사무실 크기에 비해 사업이 커져서 할 수 없이 아까워하며 내놓았다는 사연을 듣자 내 안에 내재되어 있던 샤머니즘 스피릿이 요동치며 이성을 압도하기 시작했다. 그리곤 그 자리에서 계약금을 입금해버렸다. 이런 곳이라면 진짜 동묘에 있던 기적의 좌판처럼 아무거나 주워다 팔아도 매출 신화가 일어날 것 같다는 생각마저 들었다. 그 순간 보이지 않는 손이 무릎을 탁 쳤다. 그러게, 왜 그 생각을 못했지? 나는 그동안 동묘를 들락거리며 모아두었던 소품들을 팔기로 했다.

보증금 마련하기

점포를 가지고 사업을 하기 때문에 주변에서 가장 많이들 궁금해하는 것이 처음에 보증금을 어떻게 모았는가다. 나의 경우 마련해야 할 보증금이 1천만 원이었다. 계약할 당시에 내가 갖고 있었던 돈은 300만 원 정도였지만 계약날로부터 입주까지 3달의 시간이 있었기 때문에 시간이 충분하다고 생각했다. 생각과 달리 보증금은 한 번에 내는 것이 아니라 처음에 모아둔 돈으로 일부 계약금을 걸어두고, 입주하기 전과 입주날 두 번 나눠서 입금하는 식이었다. 언제까지 얼마를 모아야 한다는 확실한 목표와, 돈을 못모으면 입주하지 못한다는 공포심이 생겨나자 닥치는 대로 아르바이트와 외주를 해서 돈을 벌게 되었다. 300만원 정도를 더 모은 뒤에는 코인과 주식 투자로 돈을 불렸고 200만원을 대출했다. 투자와 대출은 위험이 있기에 권유할만한 방법은 아니지만 100% 대출하는 것보다는 나으니까, 이렇게 한 사람도 있다는 예시로 봐주면 좋겠다. 보증금을 만들기 위해 코인과 주식 공부를 부지런히하게 되었고, 이 때 터득한 요령으로 요즘도 큰 돈은 아니지만 필요할 때 짭짤한 수익을 보고 있다.

하고 싶은 일이 생기면
그게 얼마나 대충 엉성한 모양새든
개의치 말고 하는 편이 낫다.

나의
짭짤한
작은 상점

　문화의 황금기라는 90년대, 내 유년기이기도 한 90년대에는 단순한 추억을 넘어선 특정한 감성이 있었다. 하지만 그 시대의 소품들을 수집하면서도 나를 자극하는 그 감성의 정체가 뭔지는 정확히 설명할 수 없었다. 그래서 그 90년대 감성을 파고들다가 이 주제로 작업을 할 수 있는 스튜디오를 만들었다. 나의 스튜디오에서는 '90년대 레트로'라는 하나의 컨셉만 가지고 만들어낼 수 있는 아이템은 전부 취급해보고 있다. 판매 품목은 무형의 재능 판매부터 유형 아이템까지 걸쳐있다. 그 시절의 상징이었던 델몬트 유리컵 판매에서부터 90년대 디자인의 키링 제작, 레트로 컨셉 화보까지 정말로 동묘 좌판급 판매 품목을 자랑한다. 지금까지 한 번씩 건드려봤던 아이템들을 한 메뉴판 안에 다 때려 넣은 것이다. 이러려고 이때까지 그렇게 정착하지 못하고 부산스럽게 창업을 했구나 싶다. 이 광경을 목도한 지인들은 나보다 본인들이 더 당황스러워하고, 걱정하고, 우려한다. 만든 사람은 가만히 있는데 보는 사람들이 더 불안해 하는 기묘한 회사다. 그래도 여전히 나는 별 걱정이 없다. 예전에 이것저것 군대용품이라면 분별없이 다 떼와서 팔았을 때도 어찌어찌 결국 영상에 정착했듯이 이렇게 하고 싶은 것 다 하다 보면 자연스럽게 그 중에 제일 잘 팔리는 것에 꽂혀서 맞는 길을 찾게 될거란 것을 알기 때문이다.

그동안 하고 싶은 것이 생기면 그게 얼마나 대충 엉성한 모양새든 개의치 말고 하는 편이 낫다는걸 경험으로 배웠다. 생각을 멈추고 몸으로 해본 경험은 정말로 언젠가는 도움이 된다. 나같이 모든 방면에서 애매한 사람이 '안되는 이유'를 찾기 시작하면 정말 답이 없다. 언제든 망할 수 있다는 사실을 알고도 스튜디오를 시작한 이유다.

나를 걱정하는 사람들이 내 걱정을 하는 시간을 줄이고 자신을 돌보는데 더 많은 시간을 썼으면 좋겠다. 왜냐하면 나는 정말로 하루하루가 짭짤하기 때문이다. 혼자 창업해서 얼마를 버냐는 질문을 너무 많이 받아서 월세 내는데 지장 없다고 답변을 대신했는데 어찌된 일인지 내 사업이 망했다는 소문이 들려온다. 내가 힘들게 델몬트 컵을 팔아서 겨우 월세를 낸다는 소문이라도 난건지... 나의 스튜디오에서는 다양한 작업을 하고 있는데 현재 수입원 중에는 기업에서 받아서 하는 외주 프로젝트의 비중이 70%이다. 공간을 대관하고, 남들이 스튜디오를 사용하고 있을 때 나는 성수동의 힙한 카페의 창가에 앉아 외주 작업을 하고, 자체 상품을 제작한다. 돈을 벌면서, 또 돈을 버는 것이다.

- 외주 PPT , 리플렛 디자인 작업
- 외주 기업 상품 기획 작업
- 외주 유튜브 영상 편집하기
- 레트로 소품 매입하고 판매하기
- 레트로 소품 직접 제작해서 판매하기
- 스튜디오 대관하기
- 레트로 컨셉 사진 상품 기획하기
- 소규모 창업 강의

지금은 비용을 들여 스튜디오 홍보를 하고 있지 않지만 끊임없이 외주를 의뢰받아 작업을 하고 있다. 그렇다고 운이 좋아서 우연히 들어오는 것이 아니라, 100% 소개를 통해서 외주 프로젝트를 의뢰받고 있다. 성업의 비결을 궁금해하는 이들에게 이렇게 말해주면, 사람들은 그것도 기본적으로 인복이 많아야 되는거 아니냐며 날 속터지게 한다. 결코 아니다. 내가 믿은 사람들은 다 내 뒤통수를 두 번 세 번 쳤다. 나를 먹여 살리는 일들은 오히려 생각지 못했던 지인의 소개로부터 시작되는 작업 의뢰다.

처음엔 몰랐는데 일이 끊기지 않고 들어올 정도가 되니 두 자리수 이상 페이를 주는 프로젝트 외주는 기업 담당자가 인터넷에서 찾아서 구하기 보다 소개로 구하는 경우가 많다는걸 알게 되었다. 이미 현업에 있는 사람이라면 당연한 정보지만 나처럼 기반 없이 빈손으로 시작하는 사람에겐 절대 알 수 없는 정보였다.

아르바이트에서도 경력 없는 신입을 잘 받아주지 않듯이, 소개로 외주를 받을 때에도 소개로 일해본 경험이 있는 사람을 선호한다. 그래서 협업이나 재능기부의 방식으로라도 소개의 물꼬를 잘 트기 위해 노력해야 한다. '나를 남에게 소개할 사람을 한 명이라도 만든다.' 라는 목표를 가지면 좋다.

내가 소개 의뢰를 자주 받게 된 것도 갑자기 남들이 나를 알아줘서가 아니라 그간 기회가 있을 때마다 주변에 나를 '영상', '디자인', '레트로'를 하는 사람으로 알려두었기 때문이다. 소개를 많이 받으려면 내가 어떤 사업을 할 것인가에 대해 걸어다니는 명함이 되어 스스로를 알려야 한다.

📞 **안부 연락** - 가장 1차원적인 방법이면서도 가장 효과가 좋은 방법이다. 기존 지인에게 안부 인사만 잘 나누는 정도여도 좋다. 생일에, 명절에, 아니면 어떤 지역에 갔을 때 생각난 사람에게 여기 왔는데 생각나서 연락했어! 하고 안부 연락을 해본다. 밥 한 번 먹자~ 하고 실제 만남으로 이어지지 않더라도, 근황 공유를 하는 것만으로도 그 사람에게는 '걔 요즘 OO하는 애' 라는 정보가 기억에 남게 되어서 지인의 지인에게 OO이 필요해졌을 때는 나에게 연락이 온다.

📷 **인스타그램** - 나는 물건을 팔려고 하는 친구들에게 인스타그램을 열심히 하라고 권한다. 무언가 팔려고 마음을 먹었으면 내가 뭘 하고 있는지 계속 노출을 해야 한다. 연락처 연동을 해서 아는 사람들이라도 다 팔로우를 해야 한다. 이렇게 말하면 몇 지인은 '넌 친구가 많잖아! 난 친구 없는데?' 라고 말한다. 아는 사람의 수가 적어도 인스타그램은 효과적이다. 인스타그램에서는 해시태그를 통해 내 작업을 홍보할 수 있고, 관심사가 통하는 사람들과 팔로우를 맺고 소통을 해서 새로운 관계를 만들어갈 수도 있다.

f 페이스북 – 페이스북 한 물 갔다는 말을 많이 하는데 막상 업무적으로 페이스북을 꾸준히 사용하는 입장에서는 딱히 그런 것 같지 않다. 30대 이상부터는 업무적 네트워킹을 유지하고 늘리기 위해 페이스북을 사용하는 사람들이 많다고 느꼈다. 페이스북에서는 내 게시물에 아는 사람이 댓글을 달면, 그 사람과 친구인 다른 사람에게도 내 게시물이 노출된다. 이 경우에도 기본적인 나의 친구 수가 적다면, 내가 활동하는 분야를 검색하면 나오는 관련 그룹에 가입해 새롭게 커뮤니티 활동을 해서 같은 효과를 얻을 수 있다.

클럽하우스 – 클럽하우스 앱이 한창 핫할 때 클럽하우스 내에서 새로운 친구를 300명 가량 새로 만들었다. 자기소개 란에 레트로 스튜디오를 운영한다고 적고, 프로필에 인스타그램을 연동해두고, 자기소개를 할 때마다 레트로 스튜디오를 하고 있다고 이야기했다. 그 중 4명이 외주 프로젝트를 연결해 주었고 약 240만 원의 수입을 얻을 수 있었다. 만든 친구 수에 비해 적은 것 같지만 클럽하우스를 하지 않았더라면 아예 일어나지도 않았을 일이다. 분명히 사업을 할 때는 핫했는데 지금은 클럽하우스의 인기가 한

김 식은 모양이다. 꼭 클럽하우스가 아니더라도 사람을 만
날 수 있는 새로운 플랫폼이 있다면 주저하지 말고 경험이
라도 해보는 것이 좋다고 생각한다.

　위에 적은 내용들을 보고 외주를 얻는 절차가 생각보다
복잡하고 할 것이 참 많다고 느껴질 수도 있다. 하지만 세
상에 거저 얻어지는 것은 없다. 그리고 무작위로 홍보해서
따낸 프로젝트에 비하면 소개로 따낸 프로젝트는 계약 절
차도 간단하고 나를 애써 증명해야 하는 부담감도 훨씬 덜
하다.

생각을 멈추고 몸으로 해본 경험은
정말로 언젠가는 도움이 된다.
나같이 모든 방면에서 애매한 사람이
'안되는 이유'를 찾기 시작하면
정말 답이 없다.

챕터 2

삽질을 부드럽게,
실전 요령 메모장

이번 주말에는 도매시장에 방문해보자

일찍이 도매시장을 경험했지만 나는 도매시장을 제대로 경험했다고는 자부할 수 없는 사람이었다. 그건 내가 낮에 물건을 사는 남대문파였기 때문이다. 그래서 내겐 항상 새벽의 도매시장을 제대로 경험해보지 못한데에 대한 갈증이 있었다. 어쩌다 새벽 시장에 가더라도 혼자 가기 때문에 가야 하는 곳만 빠르게 돌고 집에 가는 쪽이었다. 네이버 블로그에서 동대문 사입 후기를 검색해보면 늘 새벽 시장의 떡볶이 맛에 대한 찬사가 있었다. 그런 글들을 꾸준히 읽다보니 사입의 마무리를 떡볶이와 함께 해야 왠지 쇼핑몰을 한다고 말할 수 있을 것 같았다. 잠들기 전에 늘 뜨끈한 오뎅국물과 오래 끓여 꾸덕한 떡볶이가 머릿 속에 아른거렸다. 짐을 가득 들고 혼자 떡볶이를 먹기에는 멋쩍어서 냄새로만 기억했던 새벽시장 분식집. 그 곳에 가려면 새벽 세 시에 맨정신으로 깨어있어야 했다.

운이 좋게도 머지 않아 불면증에 걸린 동네 친구가 떡볶이가 먹고 싶다고 보챘다. 동대문 새벽시장 떡볶이가 그렇게 맛있대, 블로그에서 본 바를 세줄 네줄 설명하니 친구는 기꺼이 동행해주었다. 택시까지 잡아 타고 가서 먹은 떡볶이는 끔찍하기 짝이 없을 정도로 맛이 없었다. 다들 열심히 일하고 먹어서 맛있다고 느꼈나봐. 일하고 나면 뭐든지 맛있으니까…… 그렇게 합리화하고 친구와 함께 동대문 새벽시장을 구경했다. 거기 있는 사람들 중 열에 아홉은 뛰고 있었다. 한가롭게 걷다가는 짐을 이고 달리는 사람들과 치이기 일쑤였다. 새벽의 동대문 시장은 활기 그 자체였다. 골목 사이사이 사람들과 오토바이, 봉투들이 한데 엉켜서 발 한쪽 디딜 틈조차 없었다. 이럴 때 뭐라도 더 해야 하는데, 밤새 놀다가 떡볶이나 먹으러 온 스스로가 한심하게 느껴져 식욕까지 사라질 정도였다.

떡볶이가 맛이 없어서 아쉬운 배를 두드리며 걷는데, 친구가 팔을 잡아 끌어 트럭과 트럭 사이로 들어가게 됐다. 친구가 걸음을 멈춘 곳에서는 핸드폰 케이스를 하나에 1천 원씩 떨이하고 있었다. '이런 걸, 이런 가격에 판다고?' 평소에 이 쪽까지 들어와보지 않고 지나쳤던 지난날들이 억울하게 느껴질 정도였다. 트럭에서는 번화가 매장에서 마음에 드는 것을 두 개나 겨우 살 가격에 한달에 1일부터 31일까지 하루에 하나씩 케이스를 바꿔 끼워도 될 양의 핸드폰 케이스를 살 수 있었다. 동네에서는 생각지도 못할 가격이었다.

마지막 물량을 처분한 아저씨는 고맙다며 내 품에 사탕 봉다리까지 안겨주었다. 우리 덕분에 떨이까지 다 하고 집에 갈 수 있다고. 친구는 이걸 중고나라에 3천원씩 팔아서 엽기떡볶이를 사먹자고 했다. 각자 삶이 바쁘다는 이유로 둘 중에 아무도 그걸 실행하지 않아서 결국 흐지부지 됐지만 이 때 케이스를 사본 경험은 후에 내가 땡처리 케이스를 대량으로 구매해 핸드메이드 키링을 붙여 파는 사업을 시작한 계기가 된다. 떡볶이는 맛집에 가서 먹는 것이 좋지만, 도매 시장 구경은 무조건 이득이다. 지퍼만 파는 상점, 장갑만 파는 상점, 때타월만 파는 상점 등 동네 길거리에서는 쉽게 볼 수 없는 신기하고 구체적인 상점들이 존재한다. 그걸 구경하고 있으면 사람이 업으로 삼을 수 있는 분야는 무궁무진하게 많고, 수많은 사람들이 각자 자기만의 분야가 있으며, 나 빼고 다들 자기만의 필드에서 열심히 장사를 하며 살고 있다는 간단한 사실이 날 것으로 와닿는다. 도매시장에서 볼 수 있는 물건들은 그 종류도 무궁무진하다. TV에서 담대한 아이디어로 세상을 바꾸어 나가는 창업가들의 성공 스토리를 보면서도 별 감흥이 없었는데, 도매 시장에서는 처음으로 너무 세상을 모르고 살았다는 충격에 빠져 한동안 헤어나오지를 못했다. 소소하게 팔아볼만한 아이템 찾기가 어려운 분들이 있다면 당장 가까운 도매시장에 가서 어떤 물건들이 팔리는지 구경해보기를 권한다. 평소라면 생각해보지 못했던 뜻밖의 아이디어를 얻게 될지도 모른다.

언젠가는 요긴해진다! 빈칸 채우기 챌린지

나에게 잘 맞는 창업아이템을 가늠할 수 있는 문답을 한 번 만들어봤습니다.
제게도 누가 이런걸 적어보라고 미리 알려줬다면
창업 아이템을 정하느라 방황하는 시간이 더 줄었을것 같아요.
물론 당장 창업하시라고 부추기려고 만든 페이지는 아닙니다.
그래도 한 번 생각나는 대로만 적어보세요.
지금은 아니어도 어느날 문득 창업을 하고 싶어질 수도 있으니까요.
빈칸을 끄적이며 채우다 보면 그럴싸한 뭔가가 생기기 마련이거든요.
적어두면 언젠가는 쓸모가 생길 페이지가 될거라 믿습니다.

내가 요즘 꽂혀 있는 것들

내 눈길을 끌었던 신박한 창업 아이템들

이건 나도 팔아볼 수 있겠다고 생각했던 것들

남들이 나한테 잘한다고 말해줬던 일들

내가 할 수 있는 일들 중 좋아하는 일들

내가 할 수 있는 일들 중 그나마 잘하는 일들

내가 취미로 경험했거나 배워본 일들

'그 가게'가 나를 유혹하는 기술

　서울에는 내 의지로 자주 드나들며 돈을 펑펑 쓰고 나오는 단골 가게가 2군데 있다. 이 두 가게는 아주 작은 가게지만 나처럼 '내가 진정한 단골이다'라고 생각하는 사람들이 몇 백명은 될 정도로 단골이 수두룩한 가게다. 두 가게에는 공통점이 있다. 인터넷에 어떤 홍보도 하지 않고도 꾸준히 문전성시를 이룬다는 것이다. 요즘 세상은 가게를 온오프라인 가리지 않고 죽어라 홍보해도 살아남을까 말까 한 시대인데, 문득 이 사실이 너무 신기했다. 내가 그 가게에 반해서 친구를 데려갔더니 그 친구가 단골이 되어서 나오고, 친구가 친구의 친구를 데려가면 친구의 친구가 단골이 되어 나와 또 입소문을 내서 자기 친구들을 데려가는 그런 가게다. 물건을 팔면서 홍보가 막막했을 때는 내가 여기서는 판매자이지만, 내 가게 밖에서는 나도 소비자라는 간단한 사실에서 힌트를 찾을 수 있었다. 그리고 이 두 가게 사장님의 영업방법, 나의 구매 여정을 자세히 들여다 보면서 문제 해결의 실마리를 찾을 수 있었다. 내가 그 가게에 자꾸만 발을 들이게 되는 이유, 단골 가게가 나를 유혹하는 방식을 잘 들여다보자. 내가 그 가게에서 탕진한 돈의 값어치 이상의 배움을 얻을지도 모른다.

1. 사주상담소

친구를 따라 기차를 타고 2시간을 달려 소문난 점집에 간 적이 있다. 용하다는 무당은 초면에 미간을 짚으며 '남편 기를 죽이는 사주라서 부적을 써야..' , '사업 절대 하지 마라! 천상 공무원을 해야 할 팔자네' 라는 말로 날 심난하고 혼란스럽게 했다. 아니 그렇게 내 운이 안좋나? 하고 용하다는 데 마다 도장깨기를 하고 다녔다. 10번째 시도였을 것이다. 친구가 학교 근처에 끝내주는 데를 찾았다며 번화가의 한 부스로 나를 데려갔다. 친구가 찾던 선생님은 없고 다른 분이 앉아 우리를 반겼다. 친구는 '아, 이게 아닌데'라는 난감한 표정을 지었지만 이미 들어온 김에 그냥 보기로 했다. 그 부스에서 처음 사주를 본 후, 나는 그 주에 2번을 더 들러 사주에 20만원이나 지출하게 됐다.

'이야, 너 완전 돈방석을 깔고 앉았구나!', '이 사주를 가진 사람은 절대 망할 수가 없어! 하늘이 무너져도 솟아나는 사주야!'이런 말을 들으니 도대체 내가 어떻게 하늘이 무너져도 솟아난다는 건지 궁금해서 더 듣고 싶은 것이었다. 그 선생님은 사주 풀이도 그렇지만 단골을 대하는 기술이 일품이었다. 기본적으로 고객들의 정보를 최대한 기억한다는 것. 친구만 10명 넘게 데려갔는데 그 친구들의 정보를 일일이 다 기억하신다. 게다가 서비스는 말할 것도 없다. 안좋은 일로 방문하면 수제 열쇠고리를 꺼내 가방에 달아주기도 하고, 잘된 일로 가면 '이야 역시 그럴줄 알았다 너, 어쩐지 생각이 났는데 연락이 오더라.' 이렇게 너스레를 떨기도 한다.

처음에는 아니 내 과거를 어떻게 알았지? 내 미래를 어떻게 맞추지? 하고 신통방통해서 갔지만 이후에는 그냥 앉아서 나의 고민거리에 대해 수다를 나누는 것 자체로 위안이 되기도 했다. 그렇지만 '너는 잘돼! 이것 봐, 사주에 돈이 3개나 깔려 있다니까!' 라는 말뿐만이 전부가 아니었다. 선생님은 하루종일 다양한 배경의 사람을 만나기에 굉장히 많은 분야에 대한 지식을 바탕으로 구체적인 조언을 해주셨다. 왜 우울감이 찾아오는지부터 건대 상권 이야기까지... 자신감 장착과 자존감 향상을 위해 수많은 TED 영상, 자기계발서, 힐링 에세이와 영화를 찾아 봤지만 별 소용이 없었다. 그런 나의 작고 여린 자존감은 어이없게도 1평짜리 사주 부스에서 회복되었다. 리더 선생님이 하늘이 무너져도 솟아날 사주라고 세뇌 수준으로 말해주신 탓에 조금 넘어져도, '나는 망할 사주가 아니랬어' 라고 넘어갈 수 있게 됐다. 당시 파트타이머로 계시던 선생님은 지금은 단독 부스를 내고 따로 예약을 하지 않으면 못갈 정도로 인기가 많아졌다. 연예인이 다녀갔다는 소문도 심심찮게 들려온다. 역시 잘되는 가게에는 다 이유가 있다.

2. 개인 카페

또 하나는 개인이 운영하는 카페다. 주택가에 숨겨져 있는 카페인데도 단골들의 사랑이 엄청난 마성의 카페였다. 앉아있다 보면 해외에서 귀국하자마자 이 곳에 들른 손님이 사장님을 얼싸 안고, 부산에서 온 손님이 서울까지 차를 몰고 와 더치 커피를 몇 병씩 주문하는 광경을 심심찮게 볼 수 있다. 처음 이 카페에 간 날, 드립 커피가 한 잔에 만 원이길래 이런 비싼 커피는 얼마나 맛있나 호기심이 발동해서 드립 커피를 주문했다. 주문을 받은 사장님은 '학생들은 드립커피 안시키는데......' 라고 말했다. 나 무시당한 건가, 잠시 묘한 기분으로 서 있는데 사장님이 갑자기 카운터 밖으로 성큼성큼 나오는 것이었다.

'커피를 잘 아시는 손님이 오셨네요. 이번 주의 원두들을 소개해줄게요.' 라고 했다. 커피를 잘 모른다고 했더니 그래도 골목 깊숙이 있는 여기를 찾아 들어올 정도면 커피에 대한 본능적인 감각이 있는 분이다, 모르면 이참에 알아가면 된다고 나를 몸둘바 모르게 했다. 사장님은 10종은 되는 원두 통을 일일이 열어 향을 맡게 하고 원두에 대해 설명해주었다. 코의 감각이 마비되어 뭐가 뭔지 모를 때까지 원두 냄새를 맡았다. 산미, 바디감, 당도, 향미를 하나하나 다 설명해주었다. 거의 1:1 커피 과외 수준이었다. 나는 어느새 사장님의 입담에 홀려 원두를 하나씩 맛보며 둘 중 더 취향에 맞는 원두를 고르는 원두 토너먼트까지 하고 있었다. 10종의 원두 중 베스트를 고르는 '원두 취향 월드컵'이었다. 최후의 원두가 선정되자 사장님은 나에게 고급진 취향을 가졌다며, 급기야 원두 한 줌을 선물로 담아주셨다. 그 이후 나는 넉넉지 않은 주머니 사정에도 달마다 꼬박꼬박 내 취향의 더치커피와 원두를 구매하는 충성 고객이 되었다.

고전에서 배운
가성비 마케팅

앞서 말한 두 가게에서 얻은 깨달음은 카네기의 인간관계론을 읽으면서 구체적으로 정리가 되었다. 비즈니스맨의 필독서, 영업 성공의 바이블이라는 카네기의 인간관계론! 고객을 직접 대하는 나에게는 카네기의 가르침이 꼭 필요했다. 역시 세기의 위인이 만든 책인만큼 400여 페이지를 자랑했으며 한 페이지에 하나씩은 주옥같은 명언이 심어져 있었다. 배울 점이 너무 많은 것도 문제였다. 아주 작은 가게의 주인장인 나는 그의 모든 가르침을 실천할 수가 없었다. 그래서 인간관계론 중 나도 단골 가게에서 경험했었던 5가지 항목만 노트에 정리하고, 고객을 대할 때 실천으로 옮겨보기로 계획했다. 다음은 내가 실천한 5가지 항목이다.

1. 칭찬과 인정으로 시작하라

2. 상대방의 관심사를 이야기하라

3. 상대방이 인정받는다고 느끼게 만들어라
   그리고 진심으로 칭찬하라

4. 상대방이 어떤 아이디어를 자신의 것이라고
   여기게끔 내버려두어라

5. 상대방의 생각과 소망에 공감하라

나는 카네기의 가르침에 따라 먼저 칭찬 전문가가 되기로
했다. 그래서 책의 제목에 '칭찬'이 들어가 있으면 무조건
샀다. 책꽂이 두 칸을 채울 정도가 되었다. 고객을 칭찬하
는 전략은 돈이 전혀 들지 않으면서도 판매의 흐름을 좋은
방향으로 이끌었다.

영상편지 제작을 의뢰하는 고객들은 모두 기념일을 앞둔 사람이었다. 그렇기 때문에 나는 영상을 만들어주면서 내가 마치 그 고객의 지인이라도 된듯이 함께 축하해줬다. 그리고 정말 그랬든 아니든간에 고객님이 영상 제작 과정을 많이 신경써주신 덕에 영상을 잘 만들 수 있었다고 더 칭찬한다. 새벽에 수정 사항 때문에 전화를 5통이나 한 고객이 기어이 6번째 전화로 수정을 번복했을 때에도, 나는 평정심을 찾고 고객님 같은 분들이 있어서 제가 더 성장한다는 말을 덧붙였다. 그러면 고객들이 요청사항을 다 들어주는 나를 쉽게 보고 계속 어려운 요구를 해올 것 같지만, 실제로 경험한 바로는 너무 미안해하면서 최대한 젠틀하게 대해주려고 노력한다.

주변에서는 그렇게 오버하면 오히려 가식적이어서 싫어하지 않냐고 물어보는데, 전혀 그렇지 않다. 감성이 메마른 시대라 그런지 효과가 상당했다. 말 한마디일 뿐인데 나에게도 칭찬이 돌아온다. '편하다', '인간적이다', '내가 본 판매자 중에 가장 친절하다.' 이런 식의 피드백이 돌아왔다. 재구매는 말할 것도 없다.

사람들은 좋은 상품을 사고 싶어하지만, 이왕이면 좋은 사람이 파는 물건을 사고 싶어한다는 말을 들은적이 있다. 아무튼 장사를 하면서 고객들에게 수많은 희한한 칭찬을 해봤지만 칭찬을 듣고 싫어하는 사람은 없었다, 쑥쓰러운 사람만 있을 뿐.

유난히 까다로운 고객님이 이것 저것 트집을 잡아서 마음에 한계가 왔을 때에도 나는 칭찬만큼은 멈추지 않았다. 손은 부들부들 떨리면서도 이 사람은 수많은 판매자중 별 볼일 없는 나를 찾아와준 귀인, 우린 인연, 운명 … 이라고 세뇌하면서 마음을 다스렸다. 정말 사업을 접고 싶을 정도로 나를 몰아세우고 주눅들게 했던 무서운 손님들이 내게 유망한 부동산 정보, 곧 급등할 코인, 가전제품 싸게 사는 곳을 알려주었다. 최고의 고객 응대법 '칭찬'! 역시 고전을 읽어야 성장한다고 하는 이유다.

실패담
수집하다
빠지는 함정

창업을 하겠다고 마음 먹은 사람들이 저지르는 가장 큰 실수는 바로 실패담(일명 실패한 썰)을 수집하면서 내가 뭔가를 하고 있다고 착각하는 것이다. 사실 내가 그랬었다. 스튜디오 창업을 준비하던 중, 일주일 내내 스튜디오 창업을 했다가 망했다고 말하는 분들의 이야기만 보며 시간을 허비한 적이 있었다. 실제 운영기를 접한 거니까 그래도 뭔가 대비하고 있다는 기분이 들었는데, 실제로 나의 창업 과정에는 아무런 진척이 생겨나지 않았다. 포털이나 유튜브에 검색해봐도 성공담보다 실패담이 더 많이 나오는 것으로 봐서도, 우리는 자연스럽게 실패담에 더 많이 노출될 수 밖에 없다. 실패담을 많이 보는 것이 창업에 신중을 기하는데 도움이 된다는 의견에는 어느정도 동의하지만, 창업을 하기로 마음 먹었다면 실패 사례는 적당히 봐야 한다. 실패의 케이스를 많이 봐둬야 위기 상황이 왔을 때 대비를 잘 할 수 있을 것 같지만, 어차피 사업을 방해하는 외부 상황은 계속해서 생겨나고 그 때 그 때 대응해야 할 것들이 많기 때문에 창업 전에 그런 것들을 보면서 미리 걱정하는 것들이 큰 소용이 없다. 현실에서는 아무 것도 이루어지지 않고 있으면서도, 자꾸 뭔가 대단한 준비를 하고 있다는 기분이 들어서 우리의 소중한 시간만 낭비될 뿐이다. 시간 낭비를 하기 싫으면 당장 밴드, 오픈카톡, 네이버 카페, 페이스북 그룹 등 사람들이 모여 있는 곳을 찾아 들어가서 잘하고 있는 사람들은 지금 어떻게 하고 있는지를 알아내야 한다. 그런 것들을 구글에 열심히 검색하다 보면 알고리즘이 열심히 일해서 내가 관심 있어 할만한 정보를 계속 광고로 노출해준다. 또 다른 실패담을 만들어내지 않기 위해서라도, 이미 끝난 이야기가 주는 자극에서 벗어나 '내가 성공하기 위한 방법'을 차근차근 찾아보자.

마행처우역거

대학교 마지막 학기에 교양 강의로 한문을 선택했다. 팀플도 없고, 우리가 실생활에서 만나는 고사성어의 유래와 쓰임을 배운다고 해서 재미있을 것 같았다. 그림자처럼 학교를 다니고 싶은 막학기 학생인 내게 최적의 강의였다. 과제는 자기 몫으로 주어진 고사성어의 의미를 설명하는 발표였다. 그냥 암기하는건 효과가 없으니까, 자기의 경험과 연관지어 사자성어를 알기 쉽게 설명하는 식으로 외우라는 교수님의 뜻이었다. 나는 거의 마지막 주자였는데, 앞 회차에 있는 분들이 설명을 너무 잘했다. 어려운 사정에서도 주경야독하며 대학교에 간 청년의 이야기, 악조건 속에서도 욕심을 내다 과유불급을 경험한 일본 풍선아저씨의 이야기를 들으며 내 머릿 속에도 고사성어들이 채워지기 시작했다. 역시 사람 한 명 한 명 인생을 펼쳐보면 저마다 한 권의 책이 나온다고. 난생 처음 보는 고사성어들도 너무나 잘 외워졌다. 그야말로 완벽한 눈높이 학습. 나도 내게 주어진 담당 고사성어를 감동적으로 설명하고 싶어서 멋진 예시를 찾기 시작했다.

마행처우역거
馬行處牛亦去

말 가는 데 소도 갈 수 있다는 뜻으로, 다른 사람이 해낸 일은 자기도 할 수 있음, 재주가 딸려도 꾸준히 노력하면 성취할 수 있다는 뜻이다. 내가 준비했던 이야기는 성공한 사람들의 실패담 모음이었다. 위인전만 봐도 그렇고, 위대한 CEO들 이야기에도 항상 실패담은 필수코스처럼 빠지지 않는다. 세종대왕도 화폐 개혁에 실패했고, 해리포터는 출판사 12군데서 거절당한 원고였으며, KFC의 레시피도 1000번 이상 퇴짜를 맞았다고 한다! 이렇게 실패를 많이 한 사람들도 결국에는 성공의 결과로만 평가받고, 칭송받고 있으니 지금 당장 뭔가 잘 안된다고 해서 주눅들어 있을 필요가 없다는 것이다. 게다가 당장 유튜브 알고리즘만 따라다녀도 소자본, 무자본으로 사업을 하는 사람이 넘쳐나고, 직장을 하면서 투잡을 하는 사람이 엄청나게 많다. 다들 하고 있는데 나라고 못할건 뭔가라는 마인드를 장착해야 한다. 그런 내용으로 발표를 준비해놓고 정작 무대울렁증 때문에 발표를 망쳐버렸지만 나는 이 때부터 '마행처우역거'를 좌우명으로 삼고 자신감이 사라질 때마다 회복시키는 도구로 요긴하게 써먹고 있다.

창업을
하겠다고
선언하지 말자

　머릿 속에 좋은 아이디어가 떠올랐는데 막막해질 때는 '창업'의 개념을 잠시 머리에서 지워버리는 것도 좋은 방법 중 하나이다. '창업'이라는 단어 자체가 가끔은 생각의 흐름을 막는 허들이 될 수도 있기 때문이다. 나의 지난 사업들도, 처음부터 '창업을 해야겠다'라고 선언한 후 한 일들이 아니었기에 가능했던 것 같다. 매번 일단 뭔가를 저지르고, 그걸 수습하기 위해 또 뭘 하고, 그렇게 하루하루가 쌓이고 지난 후 돌아봤을 때 '그건 창업이었군!'이 되는 식이었다. 만약 '이런 이런 컨셉으로 열쇠고리 팔면 괜찮겠는데?' 라는 아이디어가 떠오른다고 가정을 해 보자. 그 때 '창업을 해야겠다!'라는 마음이 끼어들면 자꾸만 거창한 절차를 밟아야 할 것 같은 이상한 부담감이 생겨나기 시작한다. 그래서 창업에 관련된 책을 읽고, 창업에 대한 강연을 듣고, 유튜브에서 리얼 창업 후기를 보고, 사업계획서를 작성하고, 자금 마련처를 찾고, 그러면서 창업가가 되기 위해 꼭 거쳐야 한다는, 누가 정했는지 모를 멋있어보이는 절차를 정직하게 밟게 된다. 나의 경험으론 그 과정에서 용기가 생기기보다는 대단한 창업가들의 성공신화 앞에 주눅들고, 내가 창업가가 될 자격이 없는 이유만 더 늘어나는 것 같다고 느꼈다. 결국 지쳐서 '역시 창업은 아무나 하는 게 아니야' 하고 그만둘 확률이 높아진다.

어려운 시국에 창업을 해서 그런지, 주변에서도 창업을 준비하는 친구들이 사업계획서를 보내주고 피드백을 요청해오는 일이 많아졌다. 나는 이렇게까지 써서 한 적도 없고, 지금 쓰라고 해서 쓸 수도 없으니까 대단하기도 하면서, 의견을 주기가 난감하기도 하다. '계획'이라는 모양을 한 모든 것들은 그런 대로 멋있어 보이기 때문에 더 그렇다. (물론 모든 일을 할 때 탄탄한 계획이 있는 편이 더 좋다는 것은 불변의 진리!) 학부 시절 교양 수업에서 기말고사 과제로 사업계획서를 쓰기를 한 적이 있다. 마침 쌍화

차를 먹다가 우리 농가를 살리기 위한 전통차 자판기를 생각해냈고 근거도 없으면서 꽤 괜찮아보이는 아이디어라고 생각하던 참이었다. 정보의 바다를 샅샅이 뒤져 지식in에서 찾아낸 사업계획서 잘쓰기 10계명 등을 숙지한 후 공들여서 적었지만 실제로 그 아이디어에 대해서는 그 무엇도 진행하지 못했다. 집 앞 카페에서 전통차가 얼마나 팔리는지조차 모르면서 전통 살리기라는 의미에만 꽂혀 터무니없는 이상만으로 쓴 사업계획서이기 때문이다. 수요도 없고 실현가능성이 적다는 이유로 강의에서도 D를 맞았다. 살짝 순서를 바꾸어서 처음부터 사업계획서에 에너지를 쏟는 것보다, 내가 생각한 '그 아이디어'에 관한 경험을 먼저 해보면 이 아이디어로 사업계획서를 써야 할지 말아야 할지를 빠르게 판단할 수 있다. 그 뒤에는 사업 계획서도 맵시나게 잘 쓸 수 있을테고 말이다.

끌리는
모든 정보를
저장하자

과거의 내 행적 중 정말 잘해서 스스로 칭찬해주고 싶은 것이 있다. 창업에 관심이 생긴 후로 내가 '끌리는 것', '꽂힌 것'에 대한 정보를 바로 기록하고 열심히 저장해두었던 점이다. 그 습관을 가지게 된건 나의 산만함 때문이었다. 무언가 좋은 아이디어가 생각나서 검색하려고 포털에 들어가면 자꾸 다른 것에 눈이 끌려서 뭘 찾으려고 했는지 금방 잊어버렸다. 게다가 뭔가에 한참 꽂혀서 본 것도 돌아서면 언제 그랬냐는 듯 금방 까먹었다. 그리고 생각나지 않는 것들을 부여잡으며 오래오래 괴로워하기 일쑤였다. 그래서 '재밌다'고 생각한 뉴스나 정보성 글은 페이지를 나가기 전에 꼭 링크를 복사해서 핸드폰 메모장에 차곡차곡

저장해두었다.

 정보를 끌리는 순간 저장해야 하는 이유는 '재밌다!'를 이 끌어낼만한 끌림과 흥미는 날이면 날마다 찾아오는게 아 니기 때문이다. 끌림은 어쩌다 얻게 된 헬륨풍선 같은 것 이다. 나의 흥미를 자극했던 정보들은 잠깐이라도 손을 놓 으면 찾을 수 없는 허공으로 멀리멀리 날아간다. 그러니 그것들이 닿을 수 없는 곳으로 날아가지 않게 잡아서 집어 넣어야 한다.

 그렇게 스스로 저장해둔 정보들은 살면서 꼭 한번쯤은 도움이 된다. 쌓아둔 자료들이 바로 '나'라는 사람의 관심 사와 흥미에 관한 좋은 빅데이터가 되기 때문이다. 2년 전 에 오디오테이프 커버를 제작해주는 업체에서 만든 작업 물들이 단지 모양이 예쁘다는 이유로 즐겨찾기에 저장을 해두었는데, 그 때 저장해둔 정보가 지금 일하는데에 큰 도움이 되고 있다. 더 스마트하게 일하는 사람이 되기 위 해 막연하게 이론서나 자기계발서에서 배울 점을 억지로 찾지 않아도 괜찮았다.

잠시 비난을
멈추고
가만히 들여다보면

무언가를 비난하는건 쉽다. 비난하기로 마음 먹고 무언가를 바라보게 되면 편할 대로 아무렇게나 생각해버리게 된다. 이를테면 어떤 브랜드에서 누구에게 협찬을 줬다고 했을 때, 그 협찬 사실을 뒷광고네 하고 마냥 안 좋게만 보고 넘어가면 남는게 없다. 오히려 협찬의 효과가 어떻게 드러나는지 들여다보면 내가 파는 물건을 협찬하는게 좋은지, 그럴 필요까진 없는지 감을 잡을 수 있다. 만약에 내가 생각하기에 3만원의 가치를 하지 않는 듯한 물건이 3

만원에 버젓이 팔리고 있다고 가정해보자. 이런 상황에서는 '아니... 이런걸 3만원에 판다고? 나같으면 안 사.' 하며 비판적인 마음이 들기 쉽다. 이럴 때는 의미없는 비아냥을 그만두고 가만히 멈춰서 '이건 어떻게 만들었을까, 왜 팔리는 걸까, 왜 인기가 많은 걸까' 하고 돌아보는 것을 권한다. 계속 남이 파는 물건에 대해 비난조의 시선을 가지면 그 시간동안 더 가치있는 생각을 할 기회를 잃게 된다. 무언가 내 기준에 모자란 것을 봤을 때도 배움의 기회로 삼는 편이 훨씬 좋다. 인터넷에서 종이학 500개를 파는 것을 보고, '요즘 시대에 누가 저런걸 팔어' 하고 지나가기 보다, 같은 종이라도 어떻게 접냐에 따라 다 다른 상품이 된다는 것을 깨달을 수 있도록 애써야 한다. 말처럼 쉬운건 아니지만 이런 사고방식을 가지려고 의식하고 노력하면 분명히 도움이 된다. 그래도 '뭐야, 이건 내가 해도 더 잘하겠다' 라는 마음이 불쑥 튀어나올 때는, 직접 해서 그게 되는지 안되는지 알아보는 것이 의외로 나 자신을 파악하는 기회가 된다. 내가 그렇게 해봐서 '쉬운게 아니었구나' 하고 겸허해진 순간과 '이게 되네?' 하고 자신감을 갖게 된 순간들이 모여서 지금을 만들었듯이 말이다.

재능기부가
답이 될 수도 있다

나처럼 재능으로 판매를 하고 싶어하는 사람들이 가장 많이 하는 질문이 있다. 경험이 아예 없는 경우 어떻게 0의 상태에서 상품만 가지고 판매로 이어지게 하냐는 것이다. 그럴 때 내가 추천하는 방법은 '재능기부'이다. 나도 대부분의 판매를 재능기부에서부터 시작했다. 최근에는 모션그래픽 영상을 만드는 외주를 하고 있는데, 당연히 처음부터 대뜸 모션그래픽 분야에서 돈을 벌 수는 없었다. 대신 내 주변에는 너도나도 유튜브를 한다고 해서 오프닝 영상을 필요로 하는 지인들이 여러 명 있었다. 그들에게 내가 최근에 모션그래픽 연습을 하고 있는데 괜찮으면 연습 겸 선물로 짧은 영상을 만들어주겠다고 말했다. 그렇게 선물하는 마음으로 영상 하나를 만들어주는 대신 나는 고마운 사람도 되고, 마음의 빚을 청산할 수도 있고, 판매를 위한 포트폴리오까지 쌓게 된다. 그렇게 해서 쌓아둔 제작 영상들을 통해서 그 친구들의 지인들에게, 또는 인터넷 서핑을 통해 유입된 사람들에게 제작 의뢰가 들어왔다. 한창 재능기부를 열심히 했을 때에는 2014~5년에 지인들과 지인의 지인에게 결혼식, 프로포즈 영상을 10건 정도 무료로 만들어준적이 있다. 2022년인 지금까지도 내게 도움받은 지인들이 주변에 나를 추천하고 다녀서 소개 의뢰가 꾸준히 들어온다.

 당연히 이런 얘기를 하면 '10명한테 영상을 무료로 만들어줬다고? 정말 자선사업 하네' , 라고 생각할 수도 있다. 하지만 그렇게 함으로써 나에게는 10건의 포트폴리외가 생긴 셈이다. 내가 무엇이든 팔 수 있는 필살기란 '포트폴리오와 리뷰를 모을 수 있을 때까지 모으는 것'이다. 쌓아둔 포트폴리오는 내 상품의 퀄리티에 대해 많은 신뢰를 주기 때문에 웬만하면 내 물건을 팔릴 만한 것으로 보이게 만들어준다. 많은 배달 업체들이 상품을 무료로 제공하면서 리뷰 이벤트를 해서 좋은 리뷰를 쌓고, 상품을 파는 업체들이 무료 협찬을 하면서 물건을 홍보하는 이유도 여기에 있다. 그러면 '재능을 기부하는게 만만해 보일까봐 하기 싫다. 너도나도 다 재능기부 해달라고 하는거 아니냐.'라는 반론이 들어온다. 재능기부를 자처하면서 공짜 노동하는 바보가 되라는 말이 아니다. 무급 노동을 바라는 사람이 먼저 염치없는 요구를 해와서 기분이 좋지 않다면, 당연히 딱 잘라 거절하면 된다. 재능기부에도 원칙을 정하면 되고, 내 물건의 판매가를 0원에서부터 시작한다고 생각하면 된다. 돌이켜보면 그동안의 재능기부가 아예 총량 0원의 무급 노동은 아니었던 것 같다. 작업물을 잘 만들어서 보내는 경우 상대방도 인성이 된 사람이라면 밥이든, 기프티콘이든 노동의 가치에 대해 뭐라도 보답을 해왔기 때문이다. 앞서 말했듯이 이런 재능 기부 경험도 포트폴리오 형태의 확실한 기록으로 남겨 놓는다면 다음 행보에 도움이 되는 이력과 커리어가 될 수도 있다.

남이 만든 무언가를 보고
'뭐야~ 이건 내가 해도 더 잘하겠다'
라는 마음이 불쑥 튀어나올 때는
직접 해서 그게 되는지 안되는지 알아보자.

쓸데없는 경험은 없다.
언젠가는 쓸모가 생긴다.
쓸 데 없는 물건들도
'쓸 데 없는 선물 주기' 문화가 생겨
자기 쓸모를 다하는 것처럼!

챕터 3

멘탈은 야무지게,
정신 승리 노트

함무라비식
정신승리법

새로운 시도를 할 때는 항상 그걸 저지하는 사람들이 존재를 드러낸다. 가만히 있어도 되는데 남이 잘되려는걸 못참고 부랴부랴 달려와서 기어이 선을 넘는 사람들. 그들은 자꾸 나도 모르는 지인의 사례를 들고와서 '사업은 쉽지 않아'라고 말한다. 특히 나는 뭘 할 때 크게 번듯하게 하는 것이 아니다보니 손쉽게 그런 사람들의 주 타겟이 되었다. 정작 당사자는 자기가 선택한 길을 즐겁게 잘 가고 있는데도 '그 길은 어려워, 쉽지 않아. 신중해야 돼.' 라고 줄기차게 경고한다. 심지어 본인은 경험해보지 않은 분야임에도 말이다. 그러곤 멋쩍은지 '너 잘되라고 하는 말이지'를 덧붙인다. 아무것도 하지 않았으면서 실제로 도전하고 있는 사람에게 경고하는 것은 웃긴 일이면서 심하면 실례가 된다. 직접 노력해서 무언가를 이루어본 사람은 절대 남의 노력에 대해 쉽게 말하지 못한다. 20대 때는 남들의 영문모를 경고에 너무 많이 흔들리고 위축됐지만, 30대가 된 지금은 그냥 고마워하기로 했다. 각자 당장 자기 삶 살기도 바쁜 세상에, 자기 알 바 아닌 일에도 시간을 내어 한 마디라도 얹어주는걸 고마워해야지! 라고 생각하면 마음이 차분해진다.

하지만 이렇게 생각해도 성이 차지 않을 때가 있다. 아무리 좋게 생각해도 참을 수 없는 사람들이 있기 때문이다. 남이 이루어낸 결과물에 대해 '내가 하면 더 잘하겠다'라는 생각을 베이스로 깔고 있는 사람들. 본인들도 잘 모르는 분야임에도 내 사업에 대해 '별로다'라는 생각을 가지고 요청하지 않은 훈수를 두는 부류이다. 이들은 내가 원하는 답을 줄 때까지 끈질기게 '사업은 잘 돼가? 레트로 컨셉은 타켓층이 너무 적지 않아?' 라며 푸념을 유도하고 자꾸 터무니없는 솔루션을 제시한다. 나는 이제 이런 사람들을 싫어하기보다, 내 일에 너무 관심이 많아서 할 말을 참지 못하는 귀여운 팬으로 규정해 버린다.

'또, 또, 또 나한테 관심받고 싶어서' 이렇게 생각하면 별일 아니게 느껴진다. 그들을 팬으로 생각하기에는 좀 괘씸하고 분하다면 나태한 날 자극시키라고 하늘이 보내준 요정이라고 생각하기도 한다.

그들이 날 멋대로 생각하고 판단하니까, 나도 내맘대로 그들을 내 팬으로 규정해버린다. 그런 컨셉을 설정해둔 채로 살면 그들의 훈계를 기다리고 고마워할 수 있게 된다. 그러면 멋쩍어져서 도망가거나 왠지 미안해져서 그런지 금방 태세를 전환하게 되는 것을 관찰할 수 있다. 진실은 알 수 없지만... 이 방법으로 내 멘탈에 방해되는 인간들을 생활반경에서 다수 제거했다. 그래서 이제는 누가 나의 무엇을 어떻게 깎아내려도 그러려니 한다. 별안간 내가 너무 잘돼서 그들이 민망해지지 않도록, 나는 오늘도 적당히 어중간하게 나아가고 있을 뿐이다.

그러니 눈 딱 감고,
내가 잘되면 어디까지 잘 될지
생각해보는 것이다.

너무 잘되면
어떡하지?

    3-4년 전만 해도 나는 어떤 일을 실행에 옮기기 전에 부정적인 생각부터 하는 사람이었다. 키링 쇼핑몰을 창업하기 직전에도, 다시 쇼핑몰을 하려고 생각해보니 유독 이 업종은 내가 잘 안될 만한 이유가 많아서 창업을 안 하기로 하고 낮잠을 잤다. 3시간 정도를 푹 자고 일어났는데 너무 기분이 안좋았다. 그래도 나름대로 머리를 싸매고 생각했는데, 나에게 남아있는 것은 내가 창업을 하면 '안되는' 이유 열 가지 뿐이었기 때문이다. 부정적인 생각들은 마치 자기들끼리 모여서 공포의 쿵쿵따라도 하는 것마냥 끝나지 않았다.

'지금 창업을 하는게 시간 낭비가 되면 어떡하지? 이러다가 아무런 스펙도 경력도 없는 잉여인간이 되면 어떡하지? 우리 부모님 노후는 어떡하지? 나중에 내집 장만도 못하고 마흔의 나이에도 고시원을 전전하게 되면 어떡하지?'

생각을 하다 보니 참을 수 없이 짜증이 났다. 그들만의 쿵쿵따를 멈추기 위해 이마를 탁 때리며 '아, 왜이래. 잘될 수도 있는거잖아.' 하고 생각했다가 불현듯 진리를 깨우친 사람처럼 머리에 이런 문구가 떠올랐다.

'만약에, 너무 잘되면 어떡하지?'

그 순간 그동안 나를 이중 삼중으로 옭아매던 부정적인 생각의 사슬이 탁 끊어졌다. 그러게, 최악의 미래에 대해서는 얼마든지 상상해내면서 지금 내가 하는 일이 잘된다면 어떻게 할지는 왜 진작에 상상해보지 못했을까. 포르쉐 운전석에 앉아서 하루가 너무 고단하다며 징징대는 나, 사생활을 위해 너무 많은 인터뷰는 거절하는 나, 사업으로 떼부자가 된 것이 뉴스 기사로 나버려서 할 수 없이 셀럽이 된 나. 이런 상상을 해본다. 범위 제한도 없고 시간 제한도 없고, 무엇보다 이런 생각을 누구에게 들킬 일이 없어서 그런지 점점 상상의 크기가 과감해졌다. 말 그대로 현실성 없는 망상이었지만 단시간에 쉽게 기분이 좋아졌다. 부정적인 생각만 할 때는 느껴보지 못한 설렘이 있었다. 기분이 좋으니까 그 후로 나는 자주 내가 잘되는 모습을 상상하게 되었다. 그런 상상이 포화상태가 되자, 급기야 행동으로까지 나올 지경이 되었다.

대기업에 들어가기 위해 대학생 기자단 활동을 하던 친구가 있었다. 그 친구가 같이 놀던 다른 친구를 인터뷰해서 잡지에 기사를 실었다. 그 친구는 내게 자꾸만 너도 다음 인터뷰 대상자가 될 수도 있다는 암시를 했다. 그러자 진짜로 나에게 인터뷰를 요청하면 어떡하지? 하고 걱정이 됐다. 그래서 친구에게 민폐가 되지 않기 위해 군대용품점 운영기를 글로 정리했다. 나만 느낀 시그널이었던 건지 그 친구는 나에게 인터뷰 요청을 하지 않았다. 좀 머쓱해졌지만, 그래도 밤을 새워 준비해둔 군대용품점 운영기를 아무에게도 보여주지 못한채 날리는 것이 아까워서 평소에 맛집 후기를 올리던 블로그에 올렸다. 그것을 보고 진짜로 잡지에서 인터뷰 요청 메일이 온 적이 있다. 그리고 그 이야기는 이 책의 서두가 되었다. 책은 100억 매출을 만들어 낸 50대가 되었을 때 쓰게 될 줄 알았는데 말이다.

 한없이 우울해질 때도 '잘되면 어떡하지?'는 특효약이 되어준다. 현실성이 없대도 상상은 자유고 공짜니까. 고사도 지내고 풍수지리도 따지고 손 없는 날에는 이사비용이 더 드는 21세기에 내가 잘된다는 주문마저 못 외울 이유는 없지 않나? 그러니 눈 딱 감고, 내가 잘되면 어디까지 잘될지 생각해보는 것이다. '역시 셀럽에게 인생의 굴곡은 필수지, 나중에 무슨무슨 유튜브 채널에 출연하게 되면 이 실패 에피소드는 하이라이트 영상감이지 않을까, 내 옆에 게스트는 누가 있을까' 이런 생각을 하다보면 우울한 생각은 언제 그랬냐는 듯이 금방 날아간다. 그러면 주저앉아 있는게 어색해져서 툭 털고 일어날 수 있게 된다.

너무 잘될까봐
써두는
미리 인터뷰

    정말 우울했던 때에 매주 진행되는 힐링 독서 모임에 참여한 적이 있었다. 우울한 사람들이 모여서 매주 우울하고 힘든 감정을 글로 남기는 힐링 일기를 쓰고 공유하는 것이 규칙이었다. 하루 이틀은 재미가 있었지만 지속적으로 우울감을 토로하는 글쓰기는 우울감을 떨쳐내는데 별 도움이 안됐다. 대신 내겐 오히려 성공한 사람들의 인터뷰를 보는 것이 위안이 됐다. 좋겠다, 저 사람들은 지금 아무런 걱정이 없겠지? 이런 생각들을 하다 보니까 그 날은 우울한 감정을 일기로 쓰기가 싫었다.

우울한 사람보다 성공한 사람이 되고 싶어서 성공한 사람들, 톱스타, CEO들의 인터뷰를 많이 봤다. 나를 위로해주는 것은 그들의 성공담이 아니라, 성공한 사람들이 힘들었던 시절을 회상하는 대목이었다. 그들은 정말 가지각색으로 힘들었고, 과거에 안 힘든 사람들이 없었다. 그래서나도 그 날 일기에는 재미삼아 나중에 하게 될지도 모를인터뷰에 쓸 말을 적었다. 지금의 좌절을 성공한 나의 관점에서 과거의 에피소드를 말하듯 적어보니 확실히 우울한 이야기를 늘어놓을 때보다 기분 전환에 더 도움이 되었다. 그렇게 여러 편의 '미리 인터뷰'를 만들게 되었다.

이것이 누군가에겐 꽤나 오그라드는 방법일 수도 있다.그럴 때는 혹시 나중에 내가 성공할 수도 있으니까. (자기가 성공하지 않을 것이라고 단정 지을 사람은 없을테니까.) 별안간 출세해버린 미래의 내가 인터뷰를 앞두고 당황하지 않도록 참고자료를 미리 만들어준다고 생각하면술술 써진다. 사실 내 인생에서 나를 가장 많이 욕하는 사람은 '미래의 나' 아닌가? 미래의 나한테 욕먹지 않도록 지금부터 미리미리 준비해두자. 지금 힘든 것도 미래의 나를위해 서사를 만들고 있는거라고 생각하면 좀 덜 억울해진다. 3년 전에 문득 빈티지 소품샵 창업에 꽂혀서 잡지에 들어갈 소개글을 장황하게 메모로 남긴 적이 있다. 2021년인 지금 나는 그 때 적어둔 그 글 덕에 외부에서 요청이 왔을 때 처음부터 스튜디오 소개글을 구상해야 하는 수고로움을 덜게 되었다. 이력서를 쓸 때도 예전에 엉성하게 써둔 자기소개서가 단 한 문장이라도 도움이 되는 것처럼, 나를 위해 미리 써두는 모든 자료는 내게 또 다른 자산이 되어준다.

가끔
힙합 들으며
각성하기

    내 힘으로 조금이나마 성공해보려고 부지런히 사는데도 안 좋은 일들은 계속해서 일어났다. 나뿐만이 아니라 대부분이 하는 보편적인 경험일거라고 생각한다. 집안 경제는 갈수록 안 좋아졌고 뭔가를 거래할 때마다 번번이 사기꾼한테 걸렸다. 일하던 학원이 월급날 갑자기 사라졌는데 고소하려니 애초에 어디에도 등록되지 않은 곳이어서 아무것도 할 수가 없게 되었다던가, 믿었던 친구가 이끌고 간 독서모임은 사이비 종교였으며 잠시 세뇌당해 시간과 돈을 낭비하기까지 했다. 이런 일들이 내 의지와 상관없이 자주 일어나기 때문에 나는 열심히 살려면 내 자신의 기분을 자주 신경써줘야 했다. 안좋은 일이 생겨 우울해질 때는, 이건 액땜인거라고 스스로 믿어야 하는 수밖에 없다. 슬럼프는 왔다가도 지나간다. 하지만 그걸 나에게 제대로 알려줄 수 있는 사람은 나 자신밖에 없다. 남이 해주는 듣기 좋은 말은 돌아서면 금방 잊히기 때문이다. 그러니 나 스스로 바로 일어날 수 있게, 내가 만들어낸 우울의 부스러기를 '액땜이다' 생각하면서 잘 정리해야 한다.

그렇게 해서 해결이 되는 문제들이 있는가 하면, '액땜'이라는 말로 도저히 진정이 안되는 일들도 존재한다. 그건 바로 '사건'이 아니라 특정한 '사람'이 나를 짜증나게 하는 경우다. 나는 마음이 산만할 때는 음악을 들으면서 마음을 다스리는 편이다. 물론 안먹히는 때도 있었다. 지인이 나에 대해서 퍼뜨린 말도 안되는 헛소문에 휘말려 뉴에이지나 발라드로는 마음이 진정이 안되었던 날이었다. 나 잘되는 것에 보태준 것도 없으면서 자꾸 내 기운을 앗아가는 사람들의 말이 너무 짜증이 났다. 알고리즘의 추천을 따라 잔뜩 화나 있는 래퍼들의 음악을 듣다 보니까 어느 정도 스트레스가 풀렸다. 격한 랩핑을 듣고 있으니 그 안의 가사가 들리기 시작했다. 이 사람들은 싫어하는 사람들에게 일

침도 날리고, 돈도 벌고 있잖아? 대단한데... 나도 래퍼들처럼 나를 짜증나게 하는 이들을 나의 공짜 각성제로 이용하기로 했다. 그리곤 힐링 에세이나 글귀같은걸 찾아 읽는다. 나를 힘들게 한 사람에게 복수하지 말고 용서하세요... 그런 문장을 읽다보면 왠지 용서한 것 같은 기분이 든다. 그런 식으로 대충 회개한 기분만 내면 또 금세 홀가분해진다. 이 방법은 지금까지도 내 기분이 수면 아래로 가라앉지 않게 돕는 튜브가 되어서 나를 착실히 지켜주고 있다.

다 겪어보면
별 일
아니듯이

　미디어에서는 도전을 자꾸 벅차는 것, 가슴 뛰는 것으로 다가가기 어렵게 포장하는 것 같다. 나는 이 글을 읽는 분들이 도전을 너무 거창하게 포장하지 않았으면 좋겠다. 이건 이래서 무섭고 저건 저래서 안될 것 같고 하다가 결국 길은 계속 좁아진다. 지금 하고자 하는 것을 '도전'으로 규정하면 이게 될만한 이유보다 안될만한 이유를 찾게 되고, 자꾸 뒷걸음질치게 된다. '도전'이라는 말은 첫걸음을 내딛기 전에 완벽한 환경을 닦아두어야할 것 같은 기분을 선사하고, 사람을 조급하게 만든다. 그런 기분에 빠져들면 행동하지 않고 정보를 모으기만 하면서, 특히 앞서 말했듯이 실패담을 모으면서 뭔가 하고 있다는 착각을 하기가 쉽다.

무언가를 하기에 완벽한 순간, 모든 것이 준비된 순간은 쉽게 오지 않는다. 그렇기 때문에 걱정할 시간에 뭐라도 하는 편이 낫다. 심지어 그것이 시늉일지라도. 남의 성과에 대해서 '저 사람은 운이 좋아서', '저 사람은 인복이 많아서', '상황이 따라준거잖아' 라고 합리화하길 그만두어야 한다.

  사람들은 하고 싶은 일, 되고 싶은 모습이 있으면서도 도전하면 안되는 수많은 이유와 변명을 자꾸 만들어낸다. 내가 그랬었다. 특히 창업에 대한 고민에서는 안해도 후회하고, 해도 후회하는 일이 잦은 것 같다. (앗! 마이너스 통장을 뚫고 몇 억씩 대출해서 사업을 시작하는건 다르다, 이 책은 그럴 분들을 타겟으로 쓰는 이야기가 아니다) 나와 같은 규모의 장사는 사실상 크게 망하진 않는다. 내가 망하지 않고 살아남아서 이렇게 말할 수 있는 것도 대단히 실패해서 앓아누울 만큼 거창한 시도가 아니었기 때문이다. 뭔가 하고 싶은게 떠올랐는데 벌써 폭망할까봐 걱정하는건 동네 걷기를 하면서 아아 탈진하면 어떡해, 하고 걱정하는 것과 비슷하다.

치과에 충치치료 하러 가기 전이나, 직장에서 일할 때 실수를 해서 혼날 것을 예감했을 때 떨리는 경험은 누구나 해봤을 것이다. 하지만 막상 겪어보면 생각보다 별거 아니지 않나? 여러 번 혼나다보면 '또 시작이네' 하고 무뎌지고, 치과도 가다보면 더는 무섭지 않은 날이 오는 것처럼 말이다.

무언가 시도를 할 때, 부스러기처럼 떨어지는 경험은 내가 감각하지 못하는 어딘가에서 분명한 경험치로 누적되었다가 부지불식간에 '레벨 업!'하고 소식을 알려주러 온다.

저는
일주일만
걱정합니다

나는 컨설턴트에게 돈 내는 것을 좋아한다. 대한민국에서는 거의 모든 분야에서 컨설팅을 받을 수 있는데 다들 아는 금융 컨설턴트, 취업 컨설턴트부터 방청소에 대해 조언해주는 정리 컨설턴트까지... 컨설턴트가 활동하는 분야는 무궁무진하다. 돈만 내면 내가 필요한 분야의 전문가가 나 대신 내가 해야 할 일에 대해 A부터 Z까지 플랜을 짜준다는 사실이 참 좋다. 그렇지만 컨설턴트들이 짜준 플랜은 너무 이상적이고 나는 그에 한참 못미치는 부족한 사람이기에 거의 대부분의 컨설팅에 실패했다. 그런 식으로 돈낭비를 하면서 나는 내 인생에 대해서 만큼은 스스로 노력해야 한다는 점을 깨닫는다. 그리곤 거기서 비롯된 시간적, 금전적 낭비를 만회하기 위해 얼마간 좀 더 열심히 살게 된다. 컨설턴트에게 내는 돈은 일종의 '깨달음 비용'인 셈이다. 작년에도 친구 소개로 인생 설계 전문가에게 인생에 대한 상담을 받은 적이 있다. 상담에 앞서 몇 가지 설문을 했다. 대충 나의 인생관이 어떠한지, 부모님이 나를 어떻게 키웠는지 이런 것들에 관한 질문이었다. 초면에 나누기에는 정말이지 심오한 질문들이었다. 그중에 가장 가벼운 질문은 인생 계획을 어디까지 세우냐는 것이었다. 나는 '일주일 치 계획만 짠다'고 대답했다. 그는 화들짝 놀라 다시 질문했다. 1년 후, 5년 후 목표나 계획은 세우지 않았냐고 자꾸 물었다. 나는 5년 뒤에는 소행성이 충돌할지도 모르기 때문에 확실한 일주일 정도만 계획을 세운다고 했다. 그러자 그가 이렇게 말했다. "한국에서 그렇게 살면 망해요!", "한국에서 그렇게 살면 노후에 살 집이 없을겁니다!" 그는 거의 호통을 치고 있었다. 그 대답이 정말 정말 맘에 들지 않았던 것 같다. 지금까지 나는 자주 혼나면서 성장해왔기에 혼나는데 거부감이 없지만, 처음 만난 사람에게 내가 인생 계획이 없다는 이유로 개방된 장소에서 역정을 들은 것은 처음이었다. 겁에 질린 나는 처방에 따라 인생의 장기계획을 짜면서 잠깐 동안 마음의 안정을 찾게 되었다. 하지만 오래가지 못했다. 5년 후의 계획을 짰더니 5년치 걱정이 함께 따라왔기 때문이다. 역시 나같이 쓸데없는 걱정이 많은 사람에게는 일주일 플랜 짜기가 최고라는 생각이 들었다. 키링 만들기를 시작한다면, 다음주에 사야할 부자재들이 넉넉한지, 다음주에 쓸 포장 재료가 넉넉한지 정도만 걱정하는 것이다. 그럼 뭔가를 하면서도 '나중에 나이 들어서 못하면 어떡해' , '망하면 어떡해' 라는 쓸데없는 걱정과 불안으로부터 자유로워진다. 물론 장기계획을 짜는 것은 인생에 큰 도움이 된다. 그래도 걱정이 너무 많을 때는 일주일만 계획을 짜보자. 그리고 자기 삶의 계획은 남이 어떻게 해주길 기다리지 말고 스스로 짜자!

고민할 시간을 최대한 없애야 한다.
무언가를 시작하기에 딱 좋은 타이밍은
가만히 앉아 생각만 하는 사람에겐
절대 제발로 찾아 오지 않는다.

고민 없는 추진력의 비결

친구들이 나에게 가장 많이 물어보는 것은 팔겠다고 결심한 아이템을 구해서 고민 없이 바로 판매 행동으로 옮기는 추진력의 출처이다. 그래서 일반적인 행동파 인간으로서, 신중파 사람들에게 바로 행동할 수 있는 조언을 하려고 한다. 물론 모든 일에 있어서 오래 생각할 수 있는 끈기와 돌다리도 두드려볼 수 있는 신중함은 꼭 필요하다. 나도 그런 사려 깊음과 신중함을 동경한다. 하지만 때로는 나처럼 생각보다 행동을 앞세웠을 때 잘되는 케이스가 은근히 존재한다는 걸 부정할 수 없다. 그래서 작은 규모의 창업에 도전할, 아니 발을 담가볼 정도의 생각은 있지만 그마저도 고민을 하느라 섣불리 실천하지 못하는 신중파들을 위한 솔루션을 준비했다.

나의 신중한 친구들에게 꿈이 생겼을 때 그들의 행동 패턴은 대충 이렇게 요약된다. (내 주변 기준으로 일반화했으니 너무 상처받지 마시길!)

1 유튜브로 뭘 만들어서 월매출 1000만원을 번 사람의 후기같은 것들을 보고 혹해서 하루종일 '나도 한 번 해볼까?' 라고 생각한다. 그런데 신중한 사람이 이렇게 남이 돈 번 이야기를 보고 가슴이 웅장해지는 때는 대개 자기가 처한 상황이 좋지 못할 때이다.

2 지금 당장 뛰어드는건 무리라 '다음 달에 여유가 생기면 알아봐야지', 라고 생각한다. 이렇게 안되는 이유를 계속 만들어낸다.

3 다음 달까지 일상생활을 소화하다가, 눈앞에 다른 일이 생겨서 서서히 잊어버린다. 문득 생각나더라도 '과연 내가 할 수 있을까?' '너무 무모한 시도는 아닐까?' 고민을 하다가 현실로 돌아온다.

4 그 현실에서 사는게 맘편하다고 착각하면서 주기적으로 1~3을 반복하며 괴로워한다.

내 생각에는 신중한 친구들일수록 고민할 시간을 최대한 없애야 한다. 무언가를 시작하기에 딱 좋은 타이밍은 가만히 앉아 생각만 하는 사람에겐 절대 제발로 찾아오지 않는다. 그렇기 때문에 이런 식으로 계획을 짜야 한다.

먼저 내가 꽂힌 것을 돈으로 바꿔볼 수 있는 가장 작은 시도를 7일 안에 스케줄로 잡는다. 이를테면 남대문 시장 탐방, 동대문 시장에서 부자재를 사와서 유튜브를 보고 에어팟 키링을 만들어보기, 물건을 판매할 수 있는 플랫폼 알아보기, 이렇게 하나라도 시작해야지 성취를 맛보고, 지속할 수 있는 힘이 생긴다. 설령 도중에 다른 일이 생겨서 어쩔 수 없이 접어두게 된다고 하더라도 괜찮다. 내 힘으로 무언가 시도를 해본 경험은 좋은 추억이 되어서 주기적으로 찾아온다. 비슷한 사례의 사람을 또 봤을 때, 길을 가면서 그와 관련된 물건을 볼 때, 주변에서 누가 창업했다는 소식을 들을 때 그 기억들이 아쉬움과 찝찝함을 안겨주기 때문에 남은 인생을 통해 어떻게든 지속하게 된다.

이것들은 혼자 시도하려고 하면 막상 시일이 닥쳐왔을 때 나 스스로와 적당히 타협하고 나중으로 미룰 수가 있다. 그래서 혼자 몰래 실행하는 것은 그리 추천하지 않는다. 친구나 가족에게 '나 이런 것에 관심이 생겨서 한 번 알아보러 가보려고~' 이렇게 던져보자. 내 친구가, 가족이 뭔가를 한다는데. 흥미가 일어서라도 누구라도 기꺼이 동행해줄 것이다. 되도록이면 약속을 굉장히 중시하는 사람, 내 주변에서 성질이 가장 예민한 사람, 내가 계획을 미뤘을 때 나를 한심하게 생각할 사람과 약속을 잡는 것이 좋다.

경험이 자라서
나를
도우러 온다

세상에 의미 없는 삽질은 없다. 뭐라도 해보면 머리 속에 '재미있네, 재미있지만 한 번으로 족하네, 내가 이쪽에 소질이 있네, 이건 영 내타입이 아니네' 이런 식으로 경험이 만들어내는 다양한 데이터가 생겨난다.

로또 한 장을 사더라도 어떤 의미를 부여하냐에 따라 매번 다른 경험이 남는다. '당첨은 안됐지만 이걸로 한 주 잘 버텼다', ' '옆 동네에서 당첨자가 나왔네, 다음 주에도 해봐야겠다', '다음주엔 로또할 돈으로 햄버거 사먹어야지' 등등 저마다 로또를 구매하고 느끼는 것이 다를 것이다. 로또를 구매하는 행동이 아주 사소해보여도 잘 들여다보면 자기 자신이 직접 전날 꿈자리를 살피고, 어디서 살건지 고르고, 발을 움직이고 돈을 지불해 만들어낸 결과이기 때문이다. 아무리 작은 삽질이라도 나의 생각과 행동, 결정이 모여 만들어진 것이기 때문에 아무 감흥이 없을 수는 없다.

영상 근처에는 얼씬도 안하겠다고 도망갔던 내가 수제잼 창업을 꿈꾸고, 키링을 팔다가 돌고 돌아 다시 그 때 열심히 만들어뒀던 영상 덕에 취직하게 된 것처럼. 영상을 하다 퇴사하고 다시 창업을 고민할 때 3년 전 만들었던 키링을 더해 스튜디오를 완성한 것처럼, 내가 만들어놓은 발자취는 어딘가에서 열심히 자라 다시 나에게 도움을 주러 온다.

자유롭게 구르는 ─────
스노우볼을
꿈꾸며

포털에 레트로 스튜디오를 검색하면 인터넷에 내 가게가 가장 먼저 뜬다. 이런 경험은 처음이라 자꾸 자꾸 검색해 본다. 지금 나의 일상은 9년 전, 마진도 없이 손해를 보는 주제에 덜덜 떨며 물건 팔던 시절과 확연히 달라졌다. 초밥은 늘 점심 특가로만 먹던 내가 이젠 망설임 없이 특초밥을 고르고, 사무실 에어컨도 펑펑 틀고, 금융효도까지 한다. 그리고! 한 달에 지인 결혼식이 세 번 이상이어도 우울해지지 않는다. 여전히 나는 인생이 어떻게 흘러가는건지 감이 잘 안잡힌다. 이게 아닌데 싶으면서도 건너간 길들은 나를 예상치 못한 성공으로 데려다주었다. 지인들이 증명해주겠지만 객관적으로 그렇게 살 될 수는 없는 조건을 가지고도 여기까지 온게 신기해서 가끔은 꿈에서 깨면 어쩌지 걱정이 되기도 한다. 그러면서 오늘도 사무실에서 델몬트 컵을 닦으며, 왠지 잘될지도 모른다는 망상에 빠진다. 앞으로는 더 잘될 수도 있지 않을까?

　대단한 성공 신화를 이루어서 책을 내고 에피소드를 공유하는 것이 아니기 때문에 마지막 페이지를 적는 이 순간에도 조금 부끄럽다. 여기까지 오신 분들 누구나 알 수 있듯이 나의 창업기는 성공을 목표로 계획된 것이 아니라 먹고 살기 위한 요령으로 얼렁뚱땅 이어 붙인 것에 불과하다. 성공하려고 혈안이 되어 체력을 소비하지 않았지만 만족할만한 성취를 이루었으니 가성비가 대단한 여정이었다는 생각이 든다. SEO(검색엔진최적화)도 모르고, 애자일 방식으로 일하지 않았고, 최신 이커머스 전략을 구사한 것도 아니니까. 그렇지만 좋아서 시작한 일이 잘 굴러가고 있고, 앞으로 더 많은 성취를 안겨줄지도 모르는 나만의 공간이 있어서 매일이 설렌다. 하루하루 무슨 일이 일어날지 기대되기 때문에 월요병도 없다. 시행착오로 가득한 20대를 다 보내고 확실하게 깨달은 것이 하나 있다. 지금 당장은 앞날에 도움되지 않는 것처럼 보이는 일들도 언젠가는 반드시 쓸모가 있다는 것. 시장에서 팔리고는 있지만 쓸데없다고 느껴지는 물건들도 '쓸데없는 선물 주기'가 유행해서 별안간 의도치 않게 자기 쓸모를 다하는 것처럼 말이다. 이 책은 이런 조그만 이야기를 하기 위해서 만들어졌다.

한 사람이 감당하는 매일 매일의 삶은 자기만의 스노우볼을 굴리는 과정과 비슷한 것 같다. 원하지 않아도 내 삶이 알아서 '내일'이라는 곳으로 굴러가버리기 때문이다. 인생에는 이 스노우볼을 굴러가지는대로 굴러가게 둘건지, 방향을 틀어서 원하는 곳으로 굴릴 건지 선택해야 하는 수많은 순간이 온다. 내게는 묻힐 건덕지가 많은 곳으로 나가 집채 만한 눈덩이를 굴릴만한 배포가 없었다. 그래서 항상 저만치 물러나 있었다. 그저 남들이 안오는 곳에서 편하게 굴러가려고 도전이라 이름 붙이기에도 애매한 시도를 하며 조용히 묻어갔다. 모양새는 좀 달라졌지만 그래도 내가 굴리는 스노우볼은 그런대로 잘 굴러가고 있다는 생각이 든다. 재취업시장에서도 튕겨져 나온 나에게도 스튜디오라는 형태의 단단한 내 업이 생긴 것처럼 말이다.

성수동에 나의 짭짤한 작은 상점을 만들고 이 책을 쓰기 시작한지 1년이 지났지만 나는 여전히 망하지 않았다. 1년 전의 내가 남이었다면 지금의 나를 질투할 정도로 하루하루를 재밌게 굴리고 있다. 아주 작은 눈뭉치도 비탈을 잘 만나면 어느새 눈덩이로 불어나듯이, 이 책을 읽는 독자분들도 이제 자기만의 경로에서 자기만의 속도로 작은 눈뭉치를 신나게 굴려보는 경험을 맛보면 좋겠다.

나의 짭짤한 작은 상점

초판 1쇄 발행 2022년 1월 24일

지은이 김유인
발행인 송서림
본문디자인 고빛나
표지디자인 김철수

펴낸 곳 메리포핀스북스
등록 2018년 5월 9일
주소 김포시 장기동 2008-1 금광테크노밸리 604호
홈페이지 http://marypoppinsbooks.com/